JN440730

백록산방의 아침편지

이 도서의 국립중앙도서관 출판예정도서목록(CIP)은 서지정보유통지원시스템 홈페이지(http://sji.nl.go.kr)와 국가자료공동시스템(http://www.nl.go.kr/kolisnet)에서 이용하실 수 있습니다. (CIP제어번호 : 2017027920)

백탑사방의 아침편지

초판 1쇄 발행 2017년 11월 24일

지은이 구학모 **펴낸이** 임정일
책임 임병천 **편집** 김지해 **디자인** 이동헌

펴낸곳 책나무출판사
출판신고 2004년 4월 22일(제318-00034)

주소 서울시 영등포구 신길3동 325-70 3F
전화 02-338-1228 **팩스** 0505-866-8254
홈페이지 www.booktree.info

ISBN 978-89-6339-556-2 03810

백석산방의 아침편지

구학모 지음

책나무

ㅣ목차ㅣ

제1장

백락산방의 아침 편지

백락산방의 아침 편지1

봄에는 꽃이 피고, 여름에는 바람 불고, 가을에는 달이 뜨고, 겨울에는 눈이 오네. 봄, 여름, 가을, 겨울. 사계절이 있어 삶이 아름답습니다.

우리네 마음속에도 봄, 여름, 가을, 겨울이 있지 않을까요?

봄처럼 꽃이 피고 향기롭고 화사하고 여름처럼 힘이 넘치고 활력 있고 가을처럼 풍요로움 속에 넉넉한 마음과 겨울처럼 춥기도 하고 움츠러들기도 합니다. 여름에 태풍이 불어 큰 피해를 입어도 이 또한 시간이 흘러 지나갑니다. 내 마음속에 시련도 이와 같지 않을까요. 아직 봄은 멀리 있지만 여러분 마음속에는 꽃이 활짝 피고 만물이 소생하는 봄이기를 기원합니다. 이월이 시작됩니다. 이래저래 좋은 달이라 생각하시고 환한 웃음과 함께 시작하세요. 아자, 아자!

백락산방의 아침 편지2

마음의 밭에 농사를 잘 지운다는 "심전경작"이라는 말이 있습니다. 올 한 해 마음의 밭에 씨앗 하나 심어 보는 것은 어떠실런지요. 마음에 어떤 씨앗들을 심느냐에 따라 인생이 달라집니다. 아름답고 화사한 따듯함이 있는 정원이 만들어지느냐, 잡풀이 우거져 황무지가 되어 있느냐는 마음에 달려 있습니다.

자! 이제 사랑의 씨앗도 좋고, 감사의 씨앗도 좋고, 은혜의 씨앗도 좋고, 나눔의 씨앗도 좋습니다. 마음속 깊이 잘 심고 잘 가꿔서 사랑의 열매, 감사의 열매, 은혜의 열매가 가득 가득 열렸으면 좋겠습니다. 그래서 백락산방에서 잘 키운 열매들로 한 상 차려 놓고 즐거운 만찬을 가져 보면 어떨까요! 무엇을 심으실지 고민 되시면 주위를 둘러보세요. 도처에 많은 좋은 씨앗들이 널려 있습니다.

자! 마음의 밭을 잘 가꾸어 풍요로운 수확을 기대하면서…

백락산방의 아침 편지3

원도 없이 좋은 월요일 아침입니다.

꽃자리

반갑고 고맙고 기쁘다
앉은 자리가 꽃자리니라
네가 시방 가시 방석처럼 여기는
네가 앉은 그 자리가
바로 꽃자리니라
반갑고 고맙고 기쁘다

고은

제가 강의하는 '행복 찾아 떠나는 마음 여행'의 주된 내용입니다. 사는 게 힘드시나요. 짜증 나시나요. 재미없으시나요. 그래도 여러분이 있는 그곳 그 자리가 바로 꽃자리입니다. 이 세상의 주인공은 바로 당신입니다. 그동안 조연으로 사셨나요. 아니면 단역으로 사셨나요. 그렇다면 이제는 주인공으로 한 편의 영화를 찍어 보시는 건 어떠실런지요. 주인공은 전쟁이 나도 살아남고 어떻게 하든 성공합니다. 해피엔드로. 끝나는 멋진 영화를 만드시기를 기대하면서 오늘 여러분의 꽃자리에서 행복하시고 평안하시기를 두 손 모아 기도드립니다.

백락산방의 아침 편지4

토실토실 미소 짓는 토요일 아침입니다.

나, 이름, 꼬리표.

나도 이름도 변하지 않았지만 원하든 원치 않든 꼬리표가 생겼습니다. 사람들은 나에게 무슨 이름의 꼬리표를 달아 주었을까 먼저 두려움이 앞섭니다. 그간의 삶의 뒤안길에서 뒤뚱거린 나의 모습들이 꼬리표가 되어 나를 따라옵니다. 그간 보이는 대로 보지 못하고 보고 싶은 대로 보면서 세상을 어리석게. 살았던 건 아닌가 뒤를 돌아보며 자책하게 됩니다. 부자인 사람/가난한 사람, 좋은 사람/나쁜 사람, 가벼운 사람/무거운 사람, 편한 사람/불편한 사람, 삶의 궤적 속에서 작은 조각들이 모여 꼬리표가 됩니다. 나의 꼬리표에 이제는 똑똑한 사람, 야무진 사람, 진중한 사람이라는 어떤 수식어보다 잘 웃는 사람, 편한 사람, 바보 같은 사람이라는 꼬리표가 달렸으면 하는 작은 바람을 가져 봅니다. 달빛에 물들 듯이 사랑에 젖고, 행복에 젖고, 희망에 젖어, 따뜻하고 아름다운 이름의 꼬리표로만 가득한 세상이 보고 싶습니다.

살맛 나는 세상입니다.

맛있는 음식을 먹는 것만큼 기쁘고 즐거운 일이 또 있을까요. 사랑하는 가족과 함께하는 행복한 저녁 만찬 되시기를 기도합니다.

백락산방의 아침 편지5

축복의 비가 내리는 화요일 아침입니다. 의미 있는 하루를 보내는 데는 기도와 명상만큼 좋은 게 없는 것 같습니다. 하루를 마무리하며 내면의 길을 찾아가는 여정이 너무나 행복이고 감동입니다. 새해를 앞두고 오늘 바람의 기도를 청해봅니다.

백락산방에 사람의 온기가 가득하게 하소서.
햇빛 한 줌, 바람 한 줄기, 꽃 한 송이, 풀잎 하나에도 혜안을 가질 수 있도록 하소서.
숲속 친구들의 평안함을 허락하게 하소서.
나를 만나는 사람이 나를 통해서 행복할 수 있도록 하소서.
주어진 삶에 감사하고 주위 사람들에게도 늘 감사하게 하소서.
마음을 열고 언제나 웃음과 같이할 수 있게 하소서.
늘 곁에 함께하는 것들이 가장 소중함을 깨달을 수 있게 하소서.
세상에 보이는 그 자체를 아름다움으로 바라볼 수 있는 혜안을 가질 수 있도록 하소서.
아상과 아집과 아견에 사로잡힌 지난날의 기억에서 벗어나게 하소서.
언제나 저의 부족함을 일깨울 수 있도록 하소서.

그간의 귀한 인연을 함께함에 감사드리며 조금은 이른 새해 인사드립니다. 새해에 복 많이 받으시기 바랍니다.

2015년에도 '상운복우'입니다.

상서로운 기운이 구름처럼 몰려오고 복이 비처럼 쏟아지는 한 해가 되셔서 늘 행복이 같이하심을 기도드립니다.

백락산방의 아침 편지6

살짝살짝 실개울의 물소리가 소근 소근 들리는 고요하고 여유로운 토요일 아침입니다. 세상은 참 아름답습니다. 백락산방의 아침은 긴 겨울잠을 잔 새들과 두꺼운 외투를 벗어던진 실개울의 물소리와 함께 시작합니다. 오늘은 일찌감치 다실로 내려가 차 한 잔 우려 놓고 싱그럽고 아름다운 작설의 향기가 진동할 봄을 기다리며 한껏 마음의 여유를 누려봅니다.

산속에서의 삶은 아주 많은 것도 필요 없고 아주 큰 것도 필요 없고 깊이 아는 것도 필요 없고 뛰어난 지혜로움도 필요 없습니다.

그저 흘러가는 시간들을 온연히 아름답게 즐길 따름입니다. 사람마다 행복의 기준이 조금씩 다르겠지만 나이 들어가면서 점점 마음의 평화와 평온함이 제일 큰 행복이 아닐까 라는 생각을 가져봅니다. 작설차 한 잔 마시는 아주 작은 일에서도 한없는 편안함과 행복한 마음의 기쁨을 느낄 수 있는데 세상 모든 것들이 어찌 아름답지 않겠습니까? 더하지도 말고, 덜하지도 말고, 작설의 향기처럼 사람의 향기가 절로, 절로 가득한 참 좋은 세상이기를 두 손 모아 기도드립니다. 세상은 참 아름답습니다.

백락산방의 아침 편지7

아침 햇살이 당도하지 않아 아직 잠에서 깨어나지 않은 나무와 풀들을 깨울까 살금살금 계족산을 오르며 살아있음에 감사함을 느끼는 이른 새벽입니다.

숲과 같이한다는 건 머리가 아닌 가슴으로 살아가는 일입니다. 숲은 어머니입니다. 어머니의 품처럼 편안하고 포근합니다. 숲길이 주는 감동과 행복은 시들고 병폐해가는 세상의 한줄기 햇살입니다. 우리가 살아오면서 힘든 이유는 어쩌면 꾸역꾸역 머릿속에 집어넣은 생각들이 얽히고설켜서일지도 모릅니다. 우리의 뇌에도 방향성이 있어 마주하지 않고 같은 방향을 바라보며 걸으면 편안한 마음이 된다고 합니다. 부부싸움도, 자녀하고의 대화도, 직장 동료와의 불편한 대화도 숲길을 걸으면서 하세요. 숲길을 가장 많이 걷는 부탄이란 나라가 행복 지수가 높다는 것은 우리에게 많은 걸 시사합니다. 숲이 봄 단장 곱게 하고 어서 오라 환한 미소로 손짓합니다.

"숲" 친구

"길" 동무

세상 살아가는데 이런 멋진 친구, 동무가 있다는 것만으로도 인생은 축복입니다.

백락산방의 아침 편지8

날은 흐려도 마음만은 화창하길 바라는 아침입니다. 햇살과 손잡고 아침 산책을 하지 못하는 날.

햇살을 저금했으면 좋겠습니다. 그늘진 곳에서 햇살을 짝사랑하는 풀잎에게 나눠주려면… 행복을 저금했으면 좋겠습니다. 불행의 옷을 걸친 이에게 행복의 옷으로 갈아입혀 주려면… 사랑을 저금했으면 좋겠습니다. 이별의 아픔 밥상을 눈물로 먹는 이에게 사랑의 밥상으로 차려 주려면… 우정을 저금했으면 좋겠습니다. 친구의 술잔에 우정을 듬뿍 담아 주려면…

입출금이 언제나 가능한 자유 적립식 통장에 행복, 사랑, 우정, 감사, 가득 저금하시고 필요할 때마다 찾으셔서 아름다운 이 세상 더더욱 아름답게 하소서. 기분 좋은 날 되시기 바랍니다.

백락산방의 아침 편지9

솜사탕같이 달콤한 햇살과 같이하는 기분 좋은 아침입니다. 산속에서의 외로움을 달래려 새로운 사랑을 시작합니다. 보기만 해도 괜히 미소가 지어지고, 가슴이 설레고, 만지기만 해도 손끝이 짜릿한 게 사랑한다는 건 참 기분 좋은 일입니다. 가끔은 너무 진한 사랑에 몸이 나른하기도 하지만 이마저도 크나큰 행복입니다. 몸을 위해서는 자주 만나지 말아야 한다는 것을 압니다만 같이 있으면 시간 가는 줄을 모르니 그대는 사랑스런 시간 도둑입니다. 몸과 마음을 바쳐 사랑하며 사랑할수록 나에게 주는 귀한 선물들이 나를 감동시키고 흥분시키고 더욱 깊은 사랑에 빠지게 합니다. 지금도 사랑하지만 앞으로도 영원히 사랑할 수밖에 없는 그대 이름.

사랑한다, 나의 "호미"야.

호미로 만들어 내는 놀라운 기적처럼 오늘 하루 누군가의 호미가 되어 보는 건 어떠실런지요. 가슴 뿌듯하고 미소 가득한 월요일 되시기 기도드립니다.

백락산방의 아침 편지10

어제는 늘 고마운 분이 오셔서 여여 다실에서 차 한 잔과 세상 살아 온 일, 세상 살아갈 일을 다과 삼아 행복한 시간을 보냈습니다. 담소 중에 「버킷 리스트」에 대한 이야기를 나눴습니다. 영화 「버킷 리스트」는 잭 니콜슨과 모건 프리먼이 주인공으로 나와 너무나 다른 두 남자가 죽기 전에 꼭 하고 싶었던 일들을 실행해 가며 삶의 참된 의미를 찾아가는 여정을 담담하게 수채화처럼 그려진 영화입니다.

그대의 버킷리스트는 무엇인지요?
그대의 가슴을 뛰게 하는 꿈은 무언인지요?
그대 생애에 꼭 하고 싶은 일들은 어떤 일들인지요?

버킷 리스트란 행복으로 가는 꿈의 목록입니다. 나누고 실천해가는 나눔의 행복 프로젝트입니다. 다른 누구와의 비교도 필요 없습니다. 행복은 찾는 게 아니라 찾아오게 하는 겁니다. 행복은 목적이 아니라 과정입니다. 행복은 서 있지 않습니다. 쉼 없이 움직입니다. 좋아하는 일을 하면서 느끼는 즐거움 속에서 자연스럽게 행복은 그대 가슴으로 스며드는 것이지요. 행복으로 가는 길 100m 직선로가 아니라 구불구불 곡선 길을 따라가는

42.195km마라톤입니다. 내가 어디쯤 왔는지 얼마쯤 빨리 달리는지 굳이 헤아릴 필요는 없습니다. 그냥 좋은 사람들과 더불어 즐기며 같이 가는 겁니다. 하고 싶은 일을 하면서…

하루하루가 다 똑같아 보여도 어제와 다른 오늘이었고 오늘과 다른 내일일 것입니다. 하루하루가 다르다는 것이 얼마나 멋진 일이고 가슴 뛰는 삶인지요.

이 세상이 살 만하고 아름다운 이유는 누구나 희망을 가슴속에 간직하고 있기 때문입니다.

그대 가슴속에 잠자고 있는 꿈을 깨워 보시지요. 오늘은 잠에서 깨어난 꿈과 손잡고 하루를 시작해 보시지요. 그 어느 때보다도 힘이 나고 신나지 않을까요? 그대의 꿈을 응원합니다. 그리고 나의 꿈도…

백락산방의 아침 편지11

봄비로 촉촉이 곱게 단장한 아침입니다. 잠시 묶어 놓았던 마음이 고삐 풀린 망아지처럼 요동칩니다. 아무래도 요 근래 여러 가지 일들이 생긴 탓이 아닌가 싶습니다. 백락산방의 고요한 적막을 깨우는 빗소리, 시냇물 소리를 무심히 들으며 이런 저런 생각에 잠겨 봅니다.

우리가 듣는 빗소리는 비가 내는 소리일까요?
우리가 듣는 시냇물 소리는 시냇물이 내는 소리일까요?

하늘에서 내려오는 비와 땅 위에 존재하는 모든 것들과 부딪치는 소리를 빗소리라고 하지 않는 건 아닌지…

시냇물이 흐르며 시냇물에 둥지를 튼 모든 것들과 부딪치는 소리를 시냇물 소리라 하지 않는 건 아닌지…

그렇다면 내가 내는 소리는 무엇일까요?
분명 내 소리는 사람들과 더불어 살아가면서 부딪치며 나는 소리일 텐데…
내 소리는 빗소리, 시냇물 소리처럼 정겹고 사랑스러울까?

한번 마음이 흔들리니 뒤뚱거리며 살아온 지난날들의 회한만 가득합니다. 마음에서 일어나면 생겨나고 마음에서 없어지면 사라지는 이 간단한 것을 왜 이리 붙잡지 못하는지 모르겠습니다.

오늘은 마음에서 나는 소리에 가만히 귀 기울여 봐야겠습니다.

백락산방의 아침 편지12

백락은 일락입니다. 백가지 즐거움은 곧 한 가지 즐거움입니다. 조각조각의 피자가 모여 하나의 맛있는 피자가 되듯이 우리의 삶도 소소한 일상들이 모여 인생이 됩니다. 산속에서 먹는 삶은 보기만 좋고 맛없는 것보다는 수수해 보이지만 깊은 맛이 나는 삶에 더 손이 가는 건 왜일까요? 또한 지금 먹는 삶도 맛있지만 앞으로 더 맛있게 만들어질 삶에 가슴이 마냥 설렙니다. 살아가면서 소유에 목말라 했지만 이제는 존재에 목이 말라 옵니다. 나는 내가 아닙니다.

처처에 두두물물, 고마움으로 만들어진 작은 존재가 나입니다. 화려함을 만드는 것보다 수수함을 만드는 일이 더 어려움을 이제야 배우면서 존재하는 모든 것에 감사함과 사랑을 보냅니다.

백락산방의 아침 편지13

어제가 아닌 오늘에 가슴 설레는 아침입니다.

제행무상 불방일정진

~모든 것은 덧없으니 게으르지 말고 부지런히 정진하라~

제행무상 모든 것이 변합니다. 후루루 꽃이 피더니 사루루 꽃이 집니다. 꽃이 지고 나서야 비로소 잎사귀가 보입니다. 변하기 때문에 아름답습니다. 지금의 힘든 시기도 시간이 지나가면 행복이란 옷을 갈아입고 우리에게 찾아오겠지요.

세상 공부가 뭐 별거 있겠습니까? 서로 사랑하고 서로 미워하고 부딪치며 살아가는 것이지요. 쪽빛 하늘을 그리워하며 조금씩 물들어 가면 됩니다. 변한다는 것은 또 다른 기회입니다.

change - chance.

나를 바꾸는 건 너가 아니라 나만이 바꿀 수 있습니다. 기적은 만드는 것이 아니라 일으키는 것입니다. 놀라운 기적이 일어나는 날은 바로 오늘입니다.

백락산방의 아침 편지14

단비를 맞은 숲속 친구들의 밝은 모습이 싱그러운 아침입니다. 잔디들이 모여 긴급회의를 하였습니다. 왜 우리는 잡초 취급을 당해야 합니까? 왜 우리는 밟혀야만 합니까? 왜 우리는 사랑을 받지 못하는 겁니까? 많은 의견들이 분분하지만 결론은 나지 않았습니다. 이때 잔디 지도자가 한마디 했습니다. 둘로 나누어 각자 사람들에게 사랑받는 방법을 찾아보거라. 한 무리는 사람들의 효심을 자극하는 산소에 꼭 필요한 잔디로 거듭났습니다. 또 한 무리는 사람들의 감성을 자극하는 예쁜 꽃 잔디로 거듭났습니다. 시들고 병폐해가는 세상을 희생이라는 고귀한 꽃말을 가진 꽃 잔디를 통해 세상을 살아가는 삶의 지혜를 배우게 됩니다.

희생은 희망과 꿈의 또 다른 이름입니다.

세상에 필요한 사람, 꽃이 되는 사람. 그대가 피어낸 꽃이 사람들을 감동시키고 세상을 아름답게 합니다.

나무와 풀, 바람과 시냇물이 들려주는 이야기에 귀 기울여 보고, 말 걸어 보세요. 행복해집니다.

백락산방의 아침 편지15

비가 온 후, 아침 햇살이 유난히 더 눈부신 아침입니다.

"호퇴여인두 안배사사공"

백락산방의 현관 입구에 있는 월하 종정 큰스님의 귀하신 말씀이십니다. 신줏단지의 쌀이 쏟아지듯 사람이 오고 뱃사공이 노를 젓 듯 인사를 잘하라는 뜻입니다.

"처음처럼 그리고 한결같음"

언제나 변함없이 사랑해야 되는데 화려하지도 않고 수수한 모습에 사랑이 자꾸 움직입니다. 그러나 다시 한 번 마음을 모아 사랑하리라 수줍은 고백을 해봅니다. 처음처럼 나의 가족이고 친구이고 한결같은 나의 가족이자 친구인 그대들이 곁에 있어 오늘도 행복합니다.

백락산방의 아침 편지16

따뜻한 봄 햇살, 봄이 우리에게 주는 최고의 선물입니다. 참 세상 아무것도 아닙니다. 하루아침에 천당과 지옥을 오고 가는 정치인들을 바라보면… 아닌 밤중에 홍두깨일까요? 아님 뿌린 씨를 거두는 걸까요? 죽는 날까지 한 점 부끄러움이 없기를 잎새에 이는 바람에도 괴로워했던 윤동주 시인의 청정함이 그립습니다.

어제도, 오늘도, 그리고 내일도 잎새에 이는 바람처럼 흘러갑니다.

우리가 무엇을 남길 수 있을까요? 부, 귀, 영, 화. 어느 것 하나 가져갈 수 없습니다. 늘 바보이셨던 김수환 추기경님과 무소유의 법정 스님의 명동성당 미사에서의 귀한 말씀은 베풂과 나눔이었습니다.

죽을 때 가져갈 수 있는 것. 베풂과 나눔의 기억뿐입니다.

손잡고 더불어 같이 걸어갔으면 좋겠습니다. 아침 봄 햇살이 따뜻합니다. 그대도 따뜻한 햇살입니다.

백락산방의 아침 편지17

어린아이의 웃음처럼 아침 햇살이 해맑습니다. 밤에는 달빛 향기가 방 안 가득하고, 아침에는 햇살 향기가 방 안 가득합니다. 작은 창, 큰 창 구별 없이 달빛, 햇살이 가득합니다. 달빛, 햇살이 아름다운 것은 조건 없는 사랑이기 때문이 아닐까요?

살면서 나도 모르게 마음에 저울이 생겼습니다. 이제야 뒤늦게 마음의 저울을 내다 버립니다. 나라는 작은 울타리보다는 우리라는 넓은 울타리에서 손에 손잡고 무애 춤을 춰보는 건 어떠신지요? 많이 남은 것 같아도 지나보면 한순간입니다. 걸음마를 배우듯 세상 사는 이치를 자연의 순리를 통해 다시 배워 갑니다.

여름이 시작되는 입하입니다. 달빛처럼 밝게, 햇살처럼 뜨겁게, 오늘 아침도 기분 좋게 시작합니다.

사랑합니다.

백락산방의 아침 편지18

아침이라는 이름으로 새벽부터 부지런히 달렸습니다. 이제 저녁노을이라는 이름으로 하루의 고단함을 뒤로하고 내일을 위해 잠시 몸을 뉘입니다. 떠오르는 해를 바라보며 무엇을 생각하시나요? 지는 해를 바라보며 무엇을 생각하시나요?

뜨고 지고, 지고 뜨고 우리의 인생사입니다. 오늘이 행복한 건 내일이라는 또 다른 오늘이 있기 때문입니다.

오늘이 감사합니다. 내일도 감사할 것입니다. 언제나 아침 해를, 저녁노을을 선물하는 태양이 있는 한… 좋은 생각이 좋은 습관을 만들고 그리고 운명을 바꿀 수 있습니다.

좋은 생각으로 하루를 시작합니다. 사랑합니다.

백락산방의 아침 편지19

후두두둑 빗소리 오늘은 얼마나 좋은 일이 있을까? 가슴 설레는 아침입니다. 올여름 지인들과 함께할 고마운 친구들 상추, 아삭이 고추, 배추, 토마토, 조선 오이, 애호박, 맷돌 호박, 야콘, 파프리카, 삼채 등등 농사짓는 재미가 쏠쏠합니다. 한 가지 더 작은 바람이 있다면 사람 농사도 잘 지었으면 좋겠습니다. 땀 흘린 만큼 거두는 천하의 진리를 농사를 통해 배웁니다.

세상 살아감에 그대들과 함께해서 살맛 납니다.

그냥 사람이 좋습니다. 그대에게 나도 좋은 사람이었으면 좋겠습니다. 오늘도 나를 만나는 사람들이 나를 통해 행복하길 기대하며 오늘도 좋은 하루입니다.

백락산방의 아침 편지20

토요일, 토요일, 즐거운 토요일입니다.

아침에 먹을 수 없는 것, 점심 저녁.
점심에 먹을 수 없는 것, 저녁 아침.
저녁에 먹을 수 없는 것, 아침 점심.

어찌할 수 없는 것은 어찌할 수 없습니다. 이리 저리 억지로 꿰맞추려 하지 마세요. 거슬러 오르는 것도 용기가 필요하지만 흐름에 몸을 싣는 것이 어쩌면 진정한 용기일지도 모릅니다. 인생은 42.195km 마라톤입니다. 기록도 중요하지만 완주도 또 다른 기록입니다. 달리다 힘들면 잠시 걸어가더라도 포기는 마세요. 포기는 배추를 헤아릴 때나 필요합니다. 앞서가는 사람보다 같이 가는 그대가 있어 힘이 납니다.

사람은 사랑입니다. 오늘도 즐거운 하루입니다.

백락산방의 아침 편지21

바람이 인다.
이는 바람에 가슴이시리다.
시린 가슴에 시간을
갉아먹는 좀벌레의 웃음소리가 들린다.
비워도 채워지는 작은 종지를 들고
이는 바람에 이리저리 흔들리며 서있다.
눈을 감아도 보이고 귀를 막아도 들린다.
노 없이 오늘도 자조의 강을 건넌다.

작은 바람에도 나뭇잎이 흔들립니다. 흔들리지 않길 바라는 마음도 욕심입니다. 뿌리는 바람에 흔들리지 않습니다. 바람에 흔들리는 가지, 바람에 흔들리지 않는 뿌리. 어렵습니다. 그래도 흔들리는 마음에 오늘도 물을 주며 하루를 시작합니다.

오늘도 좋은 하루입니다.

백락산방의 아침 편지22

기다리고 기다리던 금쪽같은 비가 밤사이 소리 없이 왔다가 아주 작은 흔적만 남기고 가버렸습니다. 조금 더 머물기를 바랐지만 다음을 기약해야 할 것 같습니다.

비가 너무 안 와 큰일이고 너무 많이 와도 큰일입니다. 넘치면 아니 채움만 못하고 채워지지 않으면 따르지 않음만 못합니다. 중도의 길이 쉽지만은 않습니다. 과하지 않고 부족하지 않는 자족의 삶은 마음 살피기에서 시작됩니다. 잠시 멈춰 서서 나를 들여다봅니다. 보이는 나를 바라보며 작은 위로의 말을 건넵니다. "바람은 지나간다고" 세상이 많이 어수선합니다. 그래도 바람은 지나갑니다.

오늘 마음의 평화로움이 가득한 날 되시기를…

백락산방의 아침 편지23

후드득 떨어지는 소낙비 소리가 참 좋습니다. 때론 보는 것보다 듣는 것에 더 마음이 갈 때가 있습니다.

시냇물 소리, 새소리, 풍경 소리, 맥주병 따는 소리, 막걸리 병 열리는 소리, 부침개 부치는 소리, 눈길 밟는 소리, 된장찌개 끓는 소리, 아이들 웃음소리, 줄다리기의 영차, 영차 소리, 그대와의 입맞춤 소리, 수업 끝을 알리는 차임벨 소리, 바람에 흔들리는 나뭇잎 소리, 불판에 삼겹살 익는 소리, 맨발로 모래 위를 걷는 소리, 커피포트 물 끓는 소리, 수박 자를 때 나는 소리, 사과 먹을 때 나는 소리, 어머니의 자장가 소리.

눈을 감아 보세요. 무슨 소리가 들리시나요? 제일 먼저 떠오르는 소리를 올곧이 즐겨 보세요. 세상의 소리를 다 지우고 지우면 사랑해라는 소리만 남는다고 합니다. 오늘 아침 사랑해, 고마워라고 말하며 하루를 시작해보는 건 어떠신지요?

비가 온 후 기분 좋은 아침입니다.

백락산방의 아침 편지24

삶은 여행입니다. 과거라는 역을 출발해서 현재라는 역을 지나 미래라는 역으로 가는 기차 여행입니다. 역마다 타고 내리는 많은 사람들. 그중에 누군가와는 인연이 되고 또 누군가하고는 필연이 됩니다.

삶은 계란을 앞자리, 옆자리 나눠 먹으며 둥글둥글 삶을 이야기합니다. 때론 조용히 혼자서 창밖의 풍경을 바라보며 회한에 잠겨 보기도 하고 그 아름다움에 감탄하기도 합니다. 또 긴 암흑 같은 굴을 지나가기도 합니다. 그러나 시간이 지나면 밝은 빛이 보입니다.

여행은 모름지기 신나야 합니다. 아직 종착역까지는 많이 남았습니다. 신나고 즐겁고 행복한 여행 되시기 바랍니다. 비가 옵니다. 다음 역에서는 따끈한 가락 우동 한 그릇 먹어야 되겠습니다.

백락산방의 아침 편지25

내 작은 방에 기억이라는 이름으로 놓여진 물건이 너무 많습니다. 작은 것에서 큰 것까지 왜 이리 많은지 참 난감합니다.

「카사블랑카」의 여주인공 잉그리드 버그만의 말 한마디가 실감나게 다가옵니다.

"행복은 건강과 나쁜 기억력이다."

좋은 일은 바위에 새기고 나쁜 일은 모래에 새기라고 했거늘 현실은 늘 가르침대로 되지가 않습니다. 가끔 몹쓸 기억들을 끄집어내고는 그 생채기에 가슴 아파하는 우를 범하기도 합니다.

이젠 적당히 잊고 살아야 되겠습니다.

느긋하게 여유로운 마음으로 아침을 맞이합니다. 오늘도 두루두루 여여한 날이기를 기대하면서…

백락산방의 아침 편지26

오랜만에 하늘이 문을 열었습니다. 기다림 끝에 만남은 언제나 기쁨입니다. 많이 내리는 비는 아니지만 가뭄 해소에 조금은 도움이 됐으면 좋겠습니다.

마음은 마치 그림쟁이 같아서
능히 모든 세상을 그려내나니
일체 존재가 이로부터 생겨나
어떠한 것도 만들지 못함이 없구나

화엄경

무엇을 그리고 계시나요? 급히 서두르지 마세요. 천천히 나만의 그림을 그려 보세요. 세상의 멋진 그림들이 넘쳐나길 기대하면서 어둠 속의 빗소리를 즐깁니다.

백락산방의 아침 편지27

비가 옵니다. 아니 비가 오십니다. 한번 모시기가 이렇게 힘들다 보니 아주 귀한님이 돼 버렸습니다. 천함과 귀함의 차이는 얼마만큼일까요? 천함과 귀함의 차이는 많고 적음, 알고 모르고, 있고 없고가 아니라 생각과 말과 행동에서 결정됩니다.

귀하게 태어나 귀하게 살고 계십니까?
귀하게 태어나 천하게 살고 계십니까?

지금의 나를 뒤돌아보는 시간이 필요합니다. 주위에 귀하디 귀한 사람들과 같이하며 귀한 흉내를 내며 닮아 봅니다. 귀한 그대와 같이함은 나에게는 크나큰 축복입니다. 그대에게도 내가 축복이었으면 좋겠습니다. 스치는 모든 것이 인연이고 순간순간이 즐거움입니다. 오늘도 좋은 인연, 즐거움 가득하기를 기대해 봅니다.

백락산방의 아침 편지28

한때 거울을 사랑한 적이 있었습니다. 그러나 지금은 창을 더 사랑합니다. 거울에는 나만 보입니다. 창에는 해도 있고, 달도 있고, 별도 있고, 나무도 있고, 새도 있고, 밝음도 있고, 어둠이 있고, 그대가 있습니다. 창을 통해 바라보는 세상 아름답습니다. 창을 사랑해보세요. 따뜻해지고 행복해집니다. 해가 뜨고 해가 집니다.

그동안 우리는 해가 뜨는 것만 사랑한 건 아닌지 모르겠습니다. 해가 지는 것을 바라보세요. 지는 것이 아닙니다. 내일 다시 뜨기 위해 잠시 쉬러갈 뿐입니다. 지금 뜨는 중이시면 밝게 빛나시고 지는 중이시면 다시 뜰 때까지 잠시 쉬어가세요.

이래 좋고 저래 좋습니다. 긍정의 에너지가 마음속 가득 담아지길 기대하며 6월을 떠나보냅니다.

백락산방의 아침 편지29

하루하루 기대의 연속이다. 한때 생의 바다 한가운데서 허우적거린 적도 많았지만 그래도 잘 헤쳐 나가지 않았나 생각이 든다. 지금 그리 넓은 길도 아니고 빠른 길도 가고 있진 않지만 나무와 새들에게 말 걸 수 있는 작은 숲길을 천천히 걸어가는 것이 참 좋다. 그리 잘 두는 바둑이 아니지만 내가 둘 땐 보이지 않던 수가 남이 둘 땐 수가 보인다. 그동안 너무 가까이서만 나를 바라보았다. 한 발짝 떨어져서 나를 바라보니 군더더기 투성이다. 너무 무겁다. 어찌 이 무거운 걸 붙이고 다녔을까?

훌훌 벗어던지고 화려하진 않지만 작은 숲길을 오늘도 천천히 걸어 본다.

백락산방의 아침 편지30

오늘은 얼마나 무더울까요? 그래도 마음만은 청량하기를 기대하며 일요일 아침을 맞이합니다.

니체는 우리의 정신세계를 낙타의 정신에서 사자의 정신으로 그리고 아이의 정신으로 발전해가는 것이라고 보았습니다.

낙타처럼 뚜벅뚜벅 무거운 짐을 지고 걷고만 계십니까?

사자처럼 용맹하게 모든 일에 맞서고 계십니까?

아이처럼 신나게 재미있게 놀고 계십니까?

지금 낙타처럼, 사자처럼 살아가고 있다면 가끔은 아이의 마음으로 살아가는 것은 어떠실런지요?

한때 니힐리즘에 빠져 세상을 바라본 적이 있었습니다. 지금 와서 생각해보니 그저 웃음만 나옵니다. 나중에 천국 유토피아가 무슨 소용이 있겠습니까? 살아가는 이 시간 시간이 즐거움이 가득한 천국입니다. 아이의 마음으로 세상을 바라보고 살아갑니다. 때론 낙타처럼, 사자처럼, 아이처럼. 지혜로움은 과연 어떤 것인지 오늘의 화두입니다. 오늘도 기분 좋은 하루입니다.

백락산방의 아침 편지31

큰비가 아닌 작은 비가 촉촉이 내리는 아침입니다. 오늘은 어떤 멋진 일이 있을까? 생각만 해도 가슴이 설렙니다.

행복을 돈으로 살 수 없다는 것은 우리에게 크나큰 축복입니다.

행복을 사러 이리저리 다니지 않아도 되니까요. 행복 마켓은 외부에 있는 것이 아니라 내 마음에 있음을 이제야 알았으니 늦은 감도 있지만 지금이라도 알았으니 그나마 다행입니다.

행복과 불행은 한 끗 차이입니다.

그 한 끗이 우리를 기쁘게도 슬프게도 합니다. 살다보면 생각대로 되지 않아 속상합니다. 그런데 가만히 뒤돌아보면 생각대로 되진 않아도 생각하지 않은 멋진 일이 생겨나 나를 행복하게 하였습니다. 오늘도 행복을 찾아가지 않고 만들어 봅니다. 그간 잊고 살았던 소소한 것에 감사드리고 살아있음에 감사드립니다.

백락산방의 아침 편지32

참 좋다. 창문을 두드리는 싱그러운 아침 햇살이…

참 좋다. 새벽이슬 흠뻑 먹은 풀들의 노랫소리가…

참 좋다. 일렁이는 바람에 화답하는 나무들의 춤사위가…

참 좋다. 하늘 향해 두 팔 벌린 담쟁이의 키 재기가…

참 좋다. 말없이 미소 짓는 그대의 눈빛이…

참 좋다. 꽃이 되어 피어나는 그대의 말 한마디가…

참 좋다. 함박, 함박, 꽃으로 피어나는 그대의 웃음소리가…

참 좋습니다.

그냥 좋습니다.

살아 있음이 행복입니다.

내가 꽃이 되고 그대가 꽃이 되는 세상,

연화 세상입니다.

오늘 그대의 향기가 참 좋습니다.

백락산방의 아침 편지33

해가 뜨고 해가 집니다. 아침이면 눈을 뜨고 저녁이면 눈을 감습니다. 오늘도 변함없이 어제와 같이 반복되는 일상입니다. 때로는 이런 하루하루가 지겹다고 느낄 때도 있습니다. 그냥 모든 걸 훌훌 털어버리고 어디론가 멀리 떠나고 싶은 생각이 들기도 합니다. 그러나 다시 한 번 생각해 봅니다. 만약 이 지루한 일상들을 내일은 할 수 없다면… 숨 한 번 크게 들이마셔 봅니다. 기지개 크게 한 번 해 봅니다. 우리는 가끔 잊고 살아갑니다. 오늘 하루하루가 얼마나 눈부시게 아름다운지를 그간 너무 무심코 하루하루를 보내고 있었습니다. 너무 생각 없이 하루하루를 보내고 있었습니다. 그간 주위를 둘러보지도 못하고 있었습니다.

사는 게 얼마나 감사하고 고맙고 아름다운지를 우리는 왜 이리 자주 잊는지요.

오늘 아침이 유난히 밝고 맑습니다. 사랑하면 알게 되고 알게 되면 보입니다. 그리고 그때 보이는 것은 그전과 같지 않겠지요. 한 생각 바꿔보니 지겹던 하루하루가 너무 소중하게 다가옵니다. 오늘 아침이 감사합니다. 그대가 고맙습니다. 세상이 아름답습니다. 어제와 같은 오늘인데도 그 어느 때보다도…

백락산방의 아침 편지34

"운둔근"

삼성의 이병철 회장님이 즐겨 쓰시던 글귀입니다. 운이 올 때까지 기다리고 기다리며 버틴다는 뜻으로 해석해도 될지 모르겠습니다. 살면서 나는 왜 이렇게 운이 없을까 하고 생각했던 적이 있었습니다. 그런데 다시 뒤돌아보니 운이 좋았기에 그나마 버틸 수 있었던 게 아닐까 생각해봅니다. 사방에 널려 있는 운을 우리는 무심코 지나치는 건 아닌지요?

오늘 운수 좋은 날입니다.
살아 숨 쉬고 있기에…
그대와 함께하기에…

어제도 운이 좋았고 오늘도 운이 좋을 것이고 내일은 더 운이 좋을 것입니다. 그대와 나 억세게 운이 좋은 사람입니다.

백락산방의 아침 편지35

"개문류하"

문 열고 아래로 흘러라, 물은 위에서 아래로 흐르지만 사람 사는 세상은 아래에서 위로 흐릅니다. 사람의 가치는 아래에서 만들어지고 평가는 위에서 이루어집니다. 세상은 위아래가 아닌 아래 위입니다. 아래를 보담지도 못하면서 위로 올라가려고만 하는 사람들. 그 모습이 참 측은합니다. 사람을 귀하게 여기는 세상이면 좋겠습니다. 상대를 귀하게 여길 때 자신도 귀해집니다.

"개문류하"

문 열고 아래로 흘러라, 세상 사는 지혜로움입니다.

백락산방의 아침 편지36

풍요 속의 가난입니다. 먹을 게 지천입니다. 입을 게 한가득입니다. 구석구석 갈 곳이 천지입니다. 그래도 왜 이리 헛헛하고 허기가 지는지요. 아마 마음이 가난해서인가 봅니다. 가난 속의 풍요입니다. 먹을 게 그리 많지 않았습니다. 입을 것도 그리 변변치 않았습니다. 갈 곳도 그리 많지 않았습니다. 그래도 가슴 한편 무언가가 가득했습니다. 아마 마음이 부자여서인가 봅니다. 껌을 씹다 벽에 붙였다 다음 날 다시 씹었고 아이스케키로 무더위를 이겨 냈었고 극장 필름이 끊겨 영화가 중단되어도 휘파람 한 번 불면 되었고 소풍 전날 비가 올까 마음 졸이고 김밥 한 줄, 사이다 한 병으로도 마냥 신이 났었고 운동장에서 뛰어놀다 목마르면 한편에 자리 잡은 수도꼭지를 빨며 갈증을 달랬던 시절 지금 생각해보니 가난 속에서도 풍요로움이었습니다.

지금 물질의 풍요 속에 마음이 참 가난해졌습니다.

이제 풍요 속의 가난보다 예전의 가난 속의 풍요로움을 생각할 때입니다. 사는 건 빡빡하더라도 마음만은 넉넉하게 살아야겠습니다. 오늘은 밝은 생각이 가득한 날.

제2장 백락산방의 즐거운 이야기

백락산방의 즐거운 이야기1

마음을 다해 정성껏 세상을 살아간다는 것 쉽지도 않지만 그리 어렵지도 않습니다. 원주에 칼국수를 아주 맛있게 잘하는 음식점이 있는데 식당 출입구에 잘 쓰진 못했지만 다음과 같은 글이 써있습니다.

"우리 집 음식의 99프로는 정성입니다."

정성을 다해 칼국수를 만든다는 주인의 고귀한 마음이 담겨있다는 뜻이겠죠. 제 인생의 스승님이신 장일순 선생님의 귀한 말씀이 떠오릅니다. 추운 겨울날 저잣거리에서 군고구마를 파는 사람이 써 붙인 서툴지만 정성이 가득한 "군고구마"라고 쓴 글씨. 그게 진짜야 그 절박함에 비하면 내 글씨는 장난이지. 그에 못 미쳐. 마음을 다해 정성껏 써 내려 가는 인생 글씨. 잘 쓰나 못 쓰나 나의 인생 글씨입니다. 마음을 다해 써야겠습니다. 정성을 다해 써야겠습니다. 저의 허튼 소리에도 귀 기울여 주는 고마운 사람들. 감사하고 또 감사한 마음으로 한 자 한 자 서툴지만 다시 한 번 마음 부여잡고 인생 글씨 써 내려 갑니다.

고운 마음이 머문 자리, 그 자리가 꽃자리입니다.

백락산방의 즐거운 이야기2

나이 들어가니까 몸이 가는 길과 마음이 가는 길이 서로 다름을 알게 됩니다. 몸은 앞으로 내달리기만 하고 마음은 자꾸 뒤만 돌아봅니다. 흔히 이야기하는 몸 따로 마음 따로입니다. 몸이 그리 건강치 못합니다. 콩 심은데 콩 나고 팥 심은데 팥이 납니다. 콩을 심어 놓고 팥 나오길 기다렸고 팥을 심어 놓고 콩 나오길 기다렸습니다. 내 몸을 귀히 여기지 못하고 지금 건강을 바라는 꼴이 이와 같습니다. 마음, 마음 하지만 그래도 몸이 우선입니다. 건강한 신체에 건강한 정신이 깃듭니다.

지금의 나는 과거의 내가 만든 모습이고 앞으로의 나의 모습은 지금의 내가 만들어 갑니다.

지금의 내 모습이 썩 마음에 안 드신다면 앞으로의 멋진 내 모습을 위해 지금을 투자해 보시기 바랍니다. 빈집에 도둑님이 들어오듯 몸을 비워 몸을 잃어 버렸지만 마음만은 비우지 말고 굳게 지켜야겠습니다. 잃어버린 나라, 우리 힘은 아니지만 되찾은 날입니다. 기쁜 날이기도 하지만 부끄럽기도 한 날입니다. 이제 나라도 잃어버리지 말고 나도 잃어버리지 않는 좋은 날이 가득하기를 기대해봅니다.

백락산방의 즐거운 이야기3

잠시 평상에 누워 하늘을 바라보며 세월의 수레바퀴 속의 나를 들여다봅니다. 하늘은 언제나 맑았으면 하던 때가 있었습니다. 그런데 살아가며 하늘은 맑았다, 흐렸다, 비가 오고, 눈이 오고, 천둥 번개 치고, 먹구름이 몰려오고 한다는 것을 알게 되었습니다.

하늘은 인생입니다. 맑기만 하면 하늘이 아닙니다. 인생은 하늘입니다. 좋기만 하면 인생이 아닙니다.

지금 먹구름이면 해가 날 때까지 기다리면 되고 지금 화창하면 맘껏 햇살을 즐기면 되고 사는 게 다 그렇지요. 채우면 채울수록 뭔가 부족합니다.

비우면 비울수록 뭔가 채워집니다.

모든 것이 한때입니다. 그 한때에 행복이란 이름을 붙여 봅니다. 사람이 머물다 떠난 허전한 백락산방에 김광석의 애잔한 목소리가 가득 채워집니다.

백락산방의 즐거운 이야기4

"우리 손이 닿는 곳에 행복이 있습니다."

타샤 튜더

올봄에 심었던 오이, 고추, 호박, 상추가 여름 내내 얼마나 나를 행복하게 했는지… 물론 해, 바람, 비가 일궈낸 멋진 작품이지만 나도 조금은 힘을 보탰다고 억지를 부려봅니다.

마음에 정성을 다하면 감동입니다.

하루아침에 이뤄지는 것은 없습니다. 시간이 필요하고 때가 필요합니다. 텃밭에 배추를 심었습니다. 가을의 풍성함을 기대하는 내 마음을 배추가 알아줄까 모르겠습니다.

백락산방의 즐거운 이야기5

내가 지금 행복하게 살고 있는 것일까?
어떻게 사는 것이 행복한 것일까?
행복의 조건이라는 게 있긴 있는 것일까?

그 답을 2000년 전에 살았던 철학자에게서 찾아봅니다.

플라톤의 행복의 조건

1. 먹고 살고 입기에 조금 부족한 재산
2. 모든 사람이 칭찬하기에 약간 부족한 외모
3. 자기가 생각하는 것의 반밖에 인정받지 못하는 명예
4. 남과 겨루어 한 사람에겐 이겨도 두 사람에게는 질 정도의 체력
5. 연설을 했을 때 듣는 사람의 반 정도만 박수를 치는 말솜씨

그리 많이 가지지 못해도, 그리 잘생기지 못해도, 그리 높은 곳에 있지 않아도, 그리 건강하지 않아도, 그리 말솜씨가 좋지 않아도 그것이 행복의 조건이라니 믿기 어렵습니다만. 그러나 대철학자 플라톤이 거짓말하겠습니까? 그렇다면 저는 지금 엄청 행복합니다. 플라톤의 행복의 조건을 완벽하게 갖추었으니… 행복

그리 거창하지 않습니다. 어쩜 지금 행복한데도 모르고 있는 건 아닌지도 모르겠습니다.

행복은 만들어내는 것이 아니라 찾아내는 일입니다.

어릴 때 소풍 가서 하던 즐겁고 신나던 보물찾기. 오늘 행복이란 보물찾기를 시작해봅니다. 아주 생각지 않던 곳에 행복이란 보물이 숨겨 있을지 모릅니다. 오늘은 보물 찾는 날입니다.

백락산방의 즐거운 이야기6

나이 들어감에 감사합니다.

나이가 들어가며 세상의 아름다움을 볼 수 있어 감사합니다.

나이가 들어가며 세상의 고마움을 알게 되어 감사합니다.

나이가 들어가며 뒤를 돌아볼 수 있음에 감사합니다.

나이가 들어가며 좋고 싫음의 분별이 없어짐에 감사합니다.

나이가 들어가며 만남의 소중함을 알게 되어 감사합니다.

나이가 들어가며 있고 없음에 걸림이 없음을 감사합니다.

나이가 들어가며 내 안에 내가 없음을 알게 되어 감사합니다.

나이가 들어가며 바람처럼 가볍고 구름처럼 자유로워짐에 감사합니다.

나이가 들어가며 저잣거리의 홍겨움보다 산속의 적적함을 즐길 수 있음에 감사합니다.

나이가 들어가며 어디로 가야 되는지를 알게 되어 감사합니다.

나이가 들어가며 눈으로 보기보다 마음으로 볼 수 있음에 감사합니다.

나이가 들어가며 많은 걸 잃었지만 감사함을 얻었기에 감사합니다.

비가 옵니다.
오늘도 감사한 하루입니다.

백락산방의 즐거운 이야기7

이른 아침 산길을 오릅니다. 나를 찾아가는 시간입니다. 맑고 평화로운 시간입니다. 둘이서 셋이서 여럿이 걸어가다 보면 쑥스럼 많은 나란 놈은 저만큼 멀찌감치 떨어져서 나를 따라옵니다. 그러나 혼자서 걷다보면 어느새 내 곁으로 다가와 살며시 내 손을 잡아 줍니다. 잃어버린 영혼을 만나는 시간입니다. 과거의 나도 아니고 미래의 나도 아닌 지금의 나를 만나는 시간입니다.

"적적지락"

적적한 것이 지극히 즐겁습니다. 외로운 것도 때론 기쁨입니다.
오늘 아침 받은 귀한 선물

"하루"

요긴하고 귀하게 써야겠습니다.

백락산방의 즐거운 이야기8

아침에 일어나 창문을 열면 창문 열기만 기다렸던 맑은 햇살이 나를 반깁니다. 아침에 일어나 현관문을 열면 현관문만 열기를 기다렸던 달콤한 풀 향기, 시냇물, 재잘거림이 나를 반깁니다. 아침에 일어나 대문을 열면 대문만을 열기를 기다렸던 새들의 노랫소리, 푸르른 나무들의 미소가 나를 반깁니다.

"열리고 닫힌다는 것"

열린 눈으로 세상을 보아 왔을까?
열린 마음으로 세상을 살아왔을까?
열린 세상을 살고 있는 것일까?

한번쯤 생각해 볼 때입니다. 열리고 닫힌다는 것, 아주 작은 차이이지만 삶의 여정에서는 행복과 불행을 찾아가는 이정표가 될지도 모릅니다. 9월이 열린 첫날입니다. 열린 눈, 열린 마음, 열린 첫걸음이 되는 하루이기를 기대해 봅니다.

백락산방의 즐거운 이야기9

백락산방은 지금 풀과의 전쟁 중이다. 올봄에는 씨앗 장군들이 백락산방을 지키고 여름에는 상추 장군, 호박 장군, 오이 장군, 야콘 장군 등이 있어 풀들의 기세를 꺾고 잠시 몰아내었으나 상추 장군, 오이 장군들이 모두 노쇠하여 퇴각한 이후 배추 장군, 무 장군, 갓 장군이 그 자리를 대신하고 있지만 역부족이다. 가을 장군, 서리 장군, 겨울 장군이 올 때까지 버텨야 되는데 한 걱정이다. 매년 풀과의 전쟁이 이젠 지친다. 남북한의 대치 상황에서도 극적인 합의도 이뤄지건만 백락산방과 풀과의 전쟁 중단 합의는 요원하다. 같이 살아가기가 쉽지 않다.

세상살이가 그렇다. 어떻게 좋은 일만 기대할까? 백락산방의 주인은 내가 아니고 풀일지도 모른다. 몇백 년 몇십 년 자리 잡고 있던 저 돌, 나무, 풀, 시냇물이 진정한 주인인데 잠시 터를 빌려놓고 주인 행세를 하니 이 얼마나 우스운 일인가! 이기고 진다는 것은 없다. 같이 살아가는 것일 뿐… 한 생각 바꾸면 세상이 극락이다. 오늘 하루도 그저 고맙고 고마울 뿐…

백락산방의 즐거운 이야기10

어둠이 밝음에 자리를 내어줄 때를 아침이라고 불러야 할까?
시계 속의 시침, 분침이 지나가는 길목을 아침이라고 불러야 할까?

산속의 어둠이 좀처럼 걷히지 않는다. 지금 백락에서 아침만큼은 가을이 아닌 겨울이다. 적요하고 고요한 백락의 아침을 찬바람 한 점이 깨우고 있다. 천천히 걷고 있는 시간보다 뛰고 있는 시간과 손잡고 있다. 하루는 천천히 걷고, 한 달은 잰걸음으로 걷고, 일 년은 뜀걸음으로 간다. 지난 시간들이 참 빨리도 지나갔다. 지나간 시간들은 추억이라는 이름으로 기억될 것이다. 어둠이 걷히고 밝아지는 아침이 고맙고 또 고맙다.

오늘 하루도 추억 만들기다.

백락산방의 즐거운 이야기11

도심 속에서는 잡으려고 해도 잡히지 않아 애가 탔던 시간들. 산속으로 들어오니 살며시 내게 다가와 손을 잡는다. 달리는 시간을 쫓아가려고 하면 할수록 버거울 뿐이다. 이제 시간은 달려가도 나는 천천히 내 길을 걷는다. 한 생각이 바뀌니 시간이 나를 쫓아온다. 시간 도둑 회색 사람의 유혹의 손짓보다 모모의 맑은 미소가 더 좋다. 백락에서만큼은 시간은 내 편이다.

오늘도 시간은 시간대로 나는 나대로 제 갈 길을 간다.

오늘도 느긋하고 넉넉한 하루이다.

백락산방의 즐거운 이야기12

어제는 다실의 여름옷을 벗기고 겨울옷을 입혔다. 차 한 잔을 우려내니 다실에 차향이 그득하다. 차 한 잔에 마음을 비우고 차 한 잔에 마음을 채운다. 어린 왕자가 나에게 말을 건넨다.

사막이 아름다운 이유는 어딘가에 우물이 숨어 있기 때문이라고…

나의 우물은 어디 있을까? 아무리 찾으려도 찾을 수가 없다. 내가 아름답지 못한 이유이다. 늦었지만 우물을 파자. 오늘 자비라는 이름으로 첫 삽을 가슴에서 뜬다.

백락산방의 즐거운 이야기13

아주 기분 좋고 즐거운 이야기. 우리는 살아가며 갑과 을의 경계에서 갑이 되기도 하고 을이 되기도 합니다. 지금 갑의 길을 가고 있으십니까? 아니면, 을의 길을 가고 있으십니까? 갑의 길을 가기도 때론 을의 길을 가기도 하시겠지요! 그런데 세상 사는데 갑이 어디 있고 을이 어디 있겠습니까? 모두 다 더불어 살아가는 것이지요.

서울의 아파트 경비원 근로계약서가 우리에게 느낌이 있는 울림으로 다가옵니다. 그 근로계약서에는 갑, 을이 아닌 동, 행으로 작성됩니다. 아파트 주민이 동, 경비원 분들이 행, 합해서 동행입니다. 높고 낮고, 많고 적은 것이 아닌 그저 같이 "동행" 같이 걸어가자는 이야기겠지요. 단지 갑에서 동으로, 을에서 행으로 바꿨을 뿐인데 경비원 분들이 그라인더를 준비해 주민들의 칼을 갈아드리고 주민들은 경비원이란 이름보다는 더 나은 호칭을 공모하고 있다고 합니다. 정말 멋진 사람들의 기분 좋은 이야기입니다. 가을이 겨울 문턱으로 조금씩 걸어가고 있습니다만 그래도 올겨울은 왠지 따뜻할 것 같습니다. 오늘도 좋은 하루입니다.

백락산방의 즐거운 이야기14

일요일 아침입니다. 백락산방 대문의 빗장을 열며 마음의 빗장마저 아침 햇살과 함께 열어 봅니다. 살아오며 마음속에 살아온 날들의 감사보다는 이루지 못한 회한들을 늘 아쉬워하며 살아왔습니다. 누군가의 말이나 행동으로 마음의 빗장을 굳게 닫은 적도 있었습니다. 마음의 빗장은 닫아 놓고 열어놓은 것처럼 가면을 쓰고 있었던 적도 있었습니다. 생각해보니 헛웃음만 나옵니다.

마음의 문 활짝 열어 봅니다.

무거운 마음의 문, 열기도 닫기도 이젠 귀찮기도 하고 지치기도 합니다. 그냥 그대로의 모습으로 보고 듣고 합니다. 열리고 닫는다는 것. 아주 작은 차이이지만 어쩌면 앞으로의 살아감에 또 다른 이정표일지도 모릅니다. 마음의 빗장을 풀고 서로를 받아들이는 기쁨의 일들이 풍성한 날, 바로 오늘입니다.

백락산방의 즐거운 이야기15

해가 눈을 뜨고 눈을 감는다. 언제나 그랬듯이… 흐린 날도 있었다. 비가 오고, 천둥 번개 치고, 바람 부는 날도 있었다. 그래도 맑은 날이 더 많았던 거 같다. 감사하고 감사했던 한 해였다. 시간이 흘러만 가지 않았다. 세월이란 이름으로 쌓여 갔다. 끝이다 아니, 다시 시작이다.

이제 또 다른 좋은 날들을 기다리자. 아쉬운 마음 안고 마지막 아닌 마지막 눈 오는 아침을 맞는다. 내일은 푸르고 희망찬 새해이기를 기도한다.

백락산방의 즐거운 이야기16

선물처럼 삼백예순다섯 날이 내게 왔다. 설레는 마음으로 한 날을 꺼내 새해 첫날 그리고 오늘이라 이름 불러 본다. 새해 첫날 첫 아침. 가장 순열하게 떠오르는 태양의 뜨거움을 한 모금 마셔 본다. 이 뜨거움의 열정을 잊지 말고 한 날 한 날 살아가리라.

너무 거창하지도 말자.
너무 수수하지도 말자.
너무 심각하지도 말자.
너무 고요하지도 말자.

그저 있는 그대로 이 순간을 살아가자.
하루하루, 새해 첫날 눈부시게 좋은 아침이다.

백락산방의 즐거운 이야기17

나마스떼

「히말라야」 영화를 봤다. 산 사나이들의 도전과 우정과 애환을 감동 있게 그려냈다. (휴먼 원정대의 57일간의 감동 실화)

영화 속 엄홍길 대장의 명대사 한마디, "산에 오르면 뭔가 특별한 일이 있을 것 같지만 그렇지 않다 산에 오르면 내 얼굴이 보이고 맨 얼굴이 보이고 나를 볼 수 있을 뿐." 나의 맨 얼굴을 본다는 것이 정말 쉬운 일일까? 세상을 보기 전에 나를 들여다보자. 지금 어디에 있는지 무얼 하고 있는지… 어떻게 사는 게 정말 잘사는 것일까? 산에게 그 답을 물어 본다. 2016년 첫 시작이다.

우리 모두
기쁨 나마스떼
사랑 나마스떼
감사 나마스떼
희망 나마스떼
행복 나마스떼
언제나 나마스떼

백락산방의 즐거운 이야기18

일기일회

일생에 단 한 번 만나는 인연입니다.

지금 내게 주어진 일, 지금 내가 만나는 이. 이 얼마나 소중한 기회이고 귀한 인연일까요? 한 번뿐인 기회이고 인연인데 우리는 모든 걸 너무 쉽게 허투루 생각하고 있는 건 아닌지 모르겠습니다. 이곳 백락산방은 나에게 있어 일기일회입니다. 범사에 감사함을 뒤늦게 알아 갑니다.

그대에게 있어 일기일회는 무엇인지요?

어쩌면 오늘이 저에게도 그대에게도 일기일회인지도 모르겠습니다. 날이 추워집니다. 감기 조심하세요.

백락산방의 즐거운 이야기19

해 오름, 달 오름, 어멍 오름, 꽃 오름, 세미 오름, 우진제비 오름. 제주의 작은 산 이름이다. 오름이란 제주 말로 작은 산을 뜻한다. 제주에는 집계에 따라 다르지만 대략 368개의 한라산에서 분화된 작은 산이 있다고 한다. 그 이름이 오름이다. 훈민정음의 아래 아를 아직까지도 제주 언어에 사용하고 있다니 그 의미가 대단하다. 산을 오름으로 부른다니 정말 멋진 이름이다.

오름이란 이름의 의미는 제주와는 사뭇 다르지만 세상사 오름 내림이다. 어제도 올랐으니 오늘도 올라 보자 내일도 물론 오르고…

높으면 보인다.

보이는 모든 것이 위아래가 어디 있으며 있고 없음이 어디 있으랴?

오름이란 이름에서 삶의 의미를 찾아본다. 제주의 짧은 여행이 조금 더 사유하는 시간이 됐다. 이 세상 뭐가 있으랴? 사랑하자. 눈에 보이는 모든 것이 다 사랑이다. 사랑, 세상 살아가는 지혜이다. 오늘도 사랑하며 시작한다.

백락산방의 즐거운 이야기20

아브라카다브라

말하는 대로 된다(히브리어)

2016년 1월도 반이 지났습니다. 병신년, 꼭 이루고 싶은 일이 벌써 작심삼일이 되진 않으셨는지요? 그렇다면 다시 한 번 간절히 원하시고 말해 보세요. 모든 일이 말에서 시작됩니다. 다짐의 말, 반복의 말. 우리가 알지 못하는 놀라운 힘이 있습니다. 피그말리온 효과처럼 우리네 마음에서 시작되어 기적이 만들어집니다.

말이 씨앗입니다.

아브라카다브라입니다. 올해를 맞으면서 살 좀 빼리라 다짐을 했는데 겨울이란 핑계로 움직이는 것보다 먹는 일이 많습니다. 그래도 자꾸 말해 봅니다. 살 빼야 되는데… 말의 힘을 믿습니다. 토실토실, 통통한 토요일입니다. 우리네 인생도 통통해지기를 기대해봅니다.

백락산방의 즐거운 이야기21

세상 뭐 별거냐?
들숨 날숨으로 사는 걸.
좋으면 어떻고 슬프면 어쩌랴.
세상 사는 게 다 그렇지.
때론 하루가 무겁기도 하고 가볍기도 하다.
먼지 같은 작은 것에 넘어져 멍들기도 하고
태산 같은 장애물을 씩씩하게 넘기도 한다.
오늘이 걸림돌이었는지
디딤돌이었는지는
시간이 지나야 알 수 있는 것.
때론 햇살이 때론 바람이 부는 것일 뿐…
살아가며 걸림이 없는 삶이 무슨 재미랴?
오늘도 오고 감이 없는 적멸을 꿈꾸며 산다.

백락산방의 즐거운 이야기22

길을 걸었다. 뒤에서 누군가가 오빠라고 부른다. 나도 모르게 뒤돌아보았다. 내가 아니었다. 그렇지 나는 오빠가 아니지, 아저씨지, 아니 할아버지지 나만 몰랐다. 내가 아저씨고 할아버지인 걸, 후루루루 꽃이 피더니 사루루루 꽃이 진다.

꽃이 지고 나서야 잎사귀가 보이듯 몸은 늙어가도 마음은 더 향기로워진다. 흐르는 시간 속에, 세월 속에 우리는 변해간다. 아니 늙어간다. 억지로 젊은 척 애쓰지 말자. 지금 내가 할 일은 젊은 척 애쓰지 않는 일, 시간을 되돌리려는 욕심을 조용히 내려놓자. 인정할 건 인정하며 살아가자.

세상 사는 게 뭐 별게 있을까?
서로 사랑하고 서로 미워하며 부딪치며 살아가는 일이지.

봄 하늘 같지 않게 쪽빛 하늘이다. 쪽빛 하늘처럼 푸르게, 푸르게 청춘이란 이름으로 물들고 싶다.

누가 얘기했던가. 청춘은 젊어서가 아니라 꿈을 줄 수 있어야 청춘이라고…

어제가 아닌 오늘에 가슴이 설레인다. 오늘도 나는 청춘이란 이름의 푸르른 꿈을 꾼다.

백락산방의 즐거운 이야기23

몸 가는 대로 춤추고 노래해보자 마음 가는 대로 설레이고 사랑해보자. 한껏 흔들리며 살아들 보자. 이러면 어떻고 저러면 어떠랴 눈부신 봄날인데… 우리네 삶 한 줌 바람인데… 채운다고 채워지지는 않고 비운다고 비워지지도 않고 산방에서 살아가는 게 늘 그렇습니다. 그냥 생각뿐 매일 제자리입니다. 비가 옵니다. 내리는 비에 봄이 젖고 산방이 젖어갑니다. 내 모자란 마음도 흠뻑 젖어갑니다. 사는 게 다 아쉬움인 거 같습니다. 아쉬움은 아쉬움일 뿐이겠지만요.

어제는 지나갔고 다시 다가올 내일이 있고 지금 오늘이 있습니다.

'삼사일행'이라 생각하고, 생각하고, 생각하고 또 한 번 생각하고 말하고 행동해야 함을 다시 한 번 깨달아 봅니다. 오늘은 하늘 보기 부끄러웠는데 때마침 비가 오네요.

백락산방의 즐거운 이야기24

햇살의 결이 너무 곱습니다. 고운 결만큼 마음의 결도 고아지기를 기대하며 오늘 바람의 기도를 청해봅니다. 백락산방에 사람의 온기가 가득하게 하소서. 숲속 친구들의 평안함을 허락하게 하소서. 나를 만나는 사람이 나를 만나서 행복할 수 있도록 하소서. 주어진 삶에 감사하고 주위 사람들에게도 늘 감사하게 하소서. 마음을 열고 언제나 웃음과 같이할 수 있게 하소서. 언제나 저의 부족함을 일깨울 수 있도록 하소서. 사랑하는 가족들이 건강하고 행복할 수 있도록 하소서. 그간의 귀한 인연들에 감사할 수 있도록 하소서. 두두물물, 처처가 다 감사할 수 있도록 하소서. 나이 들어서야 세상이 그냥 흘러가는 것이 아님을 깨닫게 됩니다.

"상운복우"

상서로운 기운이 구름처럼 몰려오고 복이 비처럼 쏟아진다.

세상 사는 게 그리 쉽지 않습니다. 그래서 더 살 만한지도 모릅니다. 가족들과 함께하는 명절, 정말 귀한 시간입니다. 늦은 것 같지만 그래도 아직 늦지 않았기를 기도해봅니다.

백락산방의 즐거운 이야기25

겨우내 듣지 못했던 반가운 소리에 잠에서 깨어납니다. 창밖을 보니 도화꽃 가지 끝에 이름 모를 새 한 쌍이 정겹게 노닐고 있습니다. 봄이 오고 있음입니다. 숲속에서는 아주 작은 것, 생각지 않은 것들이 나를 일깨워 주고 나를 감동하게 합니다. 도심 속에서 있으면 꽤 근사하고 괜찮은 것들, 멋있는 옷, 맛있는 음식, 아주 큰 차, 두둑한 주머니, 높디높은 의자가 이곳 숲속에서는 나무에게 자랑할 수도, 돌에게 자랑할 수도, 새에게 자랑할 수도 없는 헛된 것 들입니다. 가진 것 없고 무지한 범부가 무위의 숨을 숲속에서 쉬며 살아갑니다.

숲에서만큼은 저울이 필요 없습니다.

비 온 후 숲속의 풍경이 눈에 담기 참 좋습니다.

천천히 느릿느릿 숲길을 걸으며 지금이 순간을 올곧이 느낍니다.

백락산방의 즐거운 이야기26

설익었다. 오늘도 설익었다. 말도 행동도 써내려가는 글도. 그러니 입안에서 서걱서걱거린다. 이렇게 설익은 생각, 설익은 행동, 설익은 글들. 그간 인연 맺은 이들에게 먹으라, 먹으라 그랬으니 참 낯 뜨겁고 부끄럽다. 나이 들어가며 점점 겸허해진다. 한 끼의 맛있는 밥을 지어내기 위해서는 뜸을 얼마나 잘 들이냐에 있다. 알면서도, 알면서도 또 냉큼 뚜껑을 연다. 조금만 기다리면 되는데 그간 뜸 들이지 않고 얼마나 많은 밥을 먹었는가? 그러나 무엇보다도 설익은 밥을 매일 같이 먹으면서도 그 밥이 설익었는지를 몰랐다는 게 그 무엇보다도 부끄러운 일이다. 나올 것 같으면서도 나오지 않는 꽃망울들 아직 나오기에 뜸이 덜 들었을 것이다. 세상 사는 지혜 어디 따로 있겠는가?

맛있는 밥을 위해 적당한 뜸을 들이듯, 우리 생각들도 뜸을 들이고 익혀가는 것이겠지.

아주 맛깔 나는 세상을 위해 산속에 살다 보니 보이는 것들 모두가 큰 스승이다. 비 오는 아침, 딸랑딸랑 압력밥솥 뜸 들이는 소리에 정신이 번쩍 난다.

백락산방의 즐거운 이야기27

어제 눈이 또 내렸다. 산방의 길이 막혔다. 치울 엄두가 안 난다. 사는 게 그렇다. 편함은 불편함을, 기쁨은 슬픔을, 행복은 불행을 안고 산다.

세상이 빨갛다. 빨간 안경 속에서…
세상이 파랗다. 파란 안경 속에서…

나는 무슨 안경을 썼을까? 내가 바라보는 세상은 무슨 색깔일까? 그대가 바라보는 세상은 무슨 색깔일까? 사는 게 그렇다. 무겁게도 말고, 가볍게도 말고 내 무게만큼 보이는 대로 살아가자. 무명이 잔뜩 껴서 세상 바라보는 눈이 흐릿흐릿한 안경을 호호 입김 불어 닦아 본다. 세상은 아직 맑고 밝다. 그것을 내가 보지 못할 뿐… 겨울 끝자락, 감기 조심하세요.

언제, 어디서나 시작은 건강입니다.

백락산방의 즐거운 이야기28

달빛이 곱다.

고운 달빛을 길어 마음에 담아 본다.

마음이 고아진다.

우린 모두 달빛이다.

어둠을 밝히는…

가끔씩 우리는 구름에 갇혀 우리가 달빛임을 잊어버리고 산다.

고운 달빛이 가득 어둠을 밝힌다.

달빛을 닮은 사람들이 세상을 아름답게 만든다.

고운 달빛 인연을 만나는 날.

바로 오늘.

백락산방의 즐거운 이야기29

"토요일에는 토실토실하게"

채워도, 채워도 마음은 늘 가난해집니다. 먹을 게 한상 가득인데도 점점 말라만 갑니다. 조금은 넉넉해졌으면 좋겠습니다. 조금은 여유로워졌으면 좋겠습니다. 조금은 느긋해졌으면 좋겠습니다. 조금은 한가해졌으면 좋겠습니다. 조금은 바보스러워졌으면 좋겠습니다. 이리저리 둘러보면 먹을 게 참 많습니다.

마음 그릇에 베풂과 나눔, 사랑과 우정, 봉사와 배려,
넉넉히 담아 잘 비벼봅니다.

한 숟갈 크게 떠서 한입 가득 먹어봅니다. 첫맛은 크게 없는 것 같지만 씹으면 씹을수록 행복의 단맛이 입안 가득 사라지지 않습니다. 그동안 찾고 찾던 바로 이 맛입니다. 누군가를 헤아리는 마음이 토실토실해집니다. 세상 보는 혜안이 토실토실해집니다. 세상 사는 지혜가 토실토실해집니다. 이월의 마지막 토요일. 토실토실,

가난한 마음을 살찌우는 날이면 좋겠습니다.

백락산방의 즐거운 이야기30

봄비가 건네주는 편지 속에 봄소식이 가득합니다. 잠에서 깨어난 개구리의 수다. 얼음을 밀치고 들려오는 실개천 물소리. 두 손을 치켜든 냉이와 쑥. 봄햇살과의 데이트를 기다리는 도화 꽃. 노란 옷 뽐내려는 생강나무. 겨우내 갈고 닦은 새들의 노래 소리. 추위에 움츠렸던 산방의 기지개.

행복은 찾아오는 것이 아니라 찾아내는 것인가 봅니다.

너무 멀리서 찾았습니다. 너무 큰 걸 찾았습니다. 처마 밑에, 식탁 위에, 주머니 속에 숨겨져 있는 것을…

오늘 내린 봄비로 촉촉이 젖은 마음 밭에 작은 씨앗 하나 뿌려봅니다.

행복의 나무로 쑥쑥 자라나기를 기대하면서…

백락산방의 즐거운 이야기31

산속에 있습니다. 그래서 산방입니다. 즐거움이 있습니다. 그래서 백락입니다. 즐거움이 있는 산방입니다. 그래서 백락산방입니다. 산에서 살면서 산을 통해 많은 걸 배우며 살고 있습니다.

말없는 침묵을, 분별없는 받아들임을, 있는 그대로의 모습들을, 받기보다 주는 기쁨을 산에서 배웁니다.

산속 어딘가 맑은 샘이 있는 것처럼 내 마음에도 누군가의 목을 축여 줄 맑은 샘이 있었으면 좋겠습니다. 오늘도 웃음으로 가득 찬 좋은 날이기를 기도드립니다.

백락산방의 즐거운 이야기32

화사한 햇살이 산방 뜨락에 내려앉아 햇살 꽃을 피웠다. 행여 누가 꺾을세라 살며시 보듬어 마음에 담아본다. 꽃샘추위다. 가는 겨울의 마지막 투정이다. 햇살 꽃마저 시샘이다. 그러나 뭐라 뭐라 해도 춘삼월이다. 땅에서, 하늘에서 꽃들이 피어난다. 얼쑤, 얼쑤. 꽃 세상이다.

우리도 꽃이다.

지고 피고, 피고 지던 숱한 시간 꽃들. 이제 다시 새로 인생 꽃 피워보자. 마음속, 어딘가 한 톨의 씨앗에게 말을 건네 본다.

네가 꽃이다.

백락산방의 즐거운 이야기33

기분 좋은 토요일 아침입니다. 얼음을 깨고 들려오는 물소리, 바람이 전하는 풀 향기, 나무들의 환한 웃음소리, 지지배배 새들의 노랫소리, 산방 친구들의 봄 이야기를 곱게 상자에 포장해봅니다.

그리고 사랑합니다, 감사합니다, 고맙습니다, 라는 말도 상자 속에 곱게 담아 봅니다.

그리고 걸망 속에 담아 오늘은 포대화상이 되어 이곳저곳 다니면서 보따리를 풀어 볼까 합니다. 처음 만나는 이가 누구일까? 부푼 마음을 안고 길을 나서 봅니다.

백락산방의 즐거운 이야기34

봄이 오다가 길을 멈춰 섰다. 산방도 대관령에도 눈꽃이 만개했다. 봄이라고 눈이 오지 말라는 법은 없지만 생각지 않던 영하의 기온 매서운 바람이다. 살아가며 봄 같은 인생에 눈 오고 바람 불던 날이 어디 한두 번이었겠는가? 그래도 매번 봄이 오고 여름이 오고 가을이 오지 않았던가. 봄이 다시 꽃향기를 가득 안고 우리를 찾아오길 이젠 기다리지 말자.

내가 봄이고 그대가 꽃인 것을.

어디서 봄을 찾고 기다리랴? 마음속 봄꽃 향기 가득한 날. 화사한 미소 지으며 오늘을 시작해 보자.

여여롭고 평화롭게.

백락산방의 즐거운 이야기35

아침 햇살 맞으며 산속 숲길을 가벼운 마음으로 포행 길에 나섭니다. 그러나 한 걸음 한 걸음 내딛을 때마다 한 생각 한 생각 생각들의 바다를 허우적거리는 나를 발견합니다.

가까이도 보지 못하면서 멀리만 보려고 한 건 아닌지…
알지도 못하면서 아는 척한 건 아닌지…
아무것도 없으면서 있는 척한 건 아닌지…

도심에서 보지 못한 나를 산속에서 나를 보게 됩니다. 부끄러워 숨으려도 숨을 곳이없습니다. 세상은 인드라망그물입니다. 그물코에 달려 있는 수정에 내가 그대가 우리가 그리고 세상의 모습이 보입니다. 감추려고 감추려고 해도 감출 수 없습니다.

바람에 흔들리지 않고…
천둥 소리에 놀라지 않고…
진흙물에 물들지 않는…

여여불변하게 산다는 게 쉽지만은 않습니다. 나를 찾아가는 여행, 멀고도 멉니다. 그러나 가야 할 길이기에… 마음 다시 움켜잡고 길을 떠나 봅니다.

백락산방의 즐거운 이야기36

봄 햇살이 따뜻합니다.

그대도 햇살입니다.

세상이 참 따뜻합니다.

어둡고 흐린 날들 속에서도 햇살은

언제나 우리 주위에 있었습니다.

따듯하고 또 따듯합니다.

적은 햇살, 많은 햇살, 큰 햇살, 작은 햇살.

햇살에 어디 크고 작음이 있겠습니까?

햇살은 햇살이지요.

하늘에 햇살이 가득합니다.

땅에도 햇살이 가득합니다.

그래서 살 만합니다.

미처 몰랐습니다.

그대가 햇살인 것을…

백락산방의 즐거운 이야기37

어제는 산방에 오시는 분들에게 작은 기쁨을 드리고자 상추를 작은 기쁨으로 심었습니다. 큰 것보다는 작은 게 잡기에 참 좋습니다. 손안에 쏙 들어와서… 살면서 잘 잡지도 못하면서 큰 것들만 잡으러 다녔습니다. 이제 지치고 힘들어 자리에 주저앉으니 작은 것들이 눈에 보이고 손에 잡힙니다.

아침에 눈을 뜨니 작은 기쁨입니다.
어머니와 전화 통화, 작은 기쁨입니다.
동생들과 옛날이야기, 작은 기쁨입니다.
친구들과 소주 한잔, 작은 기쁨입니다.
지인들과 차 한 잔, 작은 기쁨입니다.
소소한 하루하루, 작은 기쁨입니다.
기도하는 시간, 작은 기쁨입니다.
작은 기쁨이 큰 행복입니다.
오늘 하루도 작은 기쁨입니다.

제3장

늘 푸른 소나무처럼

늘 푸른 소나무처럼1

문틈 사이로 들어온 봄 햇살이 나를 깨운다. 무언가 자랑할 게 있나 보다. 따라가보니 뜨락에 핀 꽃들을 보란다. 마치 자기가 키워낸 것처럼, 아니야, 네가 게으름 피는 동안 매서운 겨울바람 이겨내고 나 혼자 스스로 피어난 거야. 차마 말은 못하고 꽃들이 그냥 웃고만 있다. 꽃들의 웃음에 나도 덩달아 따라 웃어 본다.

괜히 기분이 좋아진다.
꽃이 좋다.
산이 좋다.
네가 좋다.
하루가 좋다.
그냥 좋다.
이유 없이 좋다.
꽃이 그렇고,
산이 그렇고,
네가 그렇고,
하루하루가 그렇다.
오늘 아침도 좋다.

늘 푸른 소나무처럼2

사랑의 봄비가 토닥토닥. 한 톨의 씨앗이 힘을 내고,
내가 그대에게 토닥토닥. 그대가 힘을 얻고,
그대가 나에게 토닥토닥. 내가 힘을 얻고,
주고받는 토닥토닥. 손잡고 더불어…

살면서 누군가에게 위로받고 누군가를 위로하며 살아갑니다.

아무리 힘들어도 토닥토닥은 우리 곁에 있습니다. 오늘은 토닥토닥 받기보다, 토닥토닥 주시는 건 어떠실런지요? 토닥토닥. 오늘도 좋은 날입니다.

늘 푸른 소나무처럼3

어제도 맛있었고, 그제도 맛있었다.
오늘도 맛있을 것이라는
기대 아닌 기대를 한다.
매일 차려지는 시간 밥상,
매일 똑같은 밥상이다.
맛이 있으면 얼마나 맛이 있겠냐만
그래도 매일 맛이 다른 건
같이하는 사람들 때문이 아닐까?
매일 차려지는 시간 밥상.
늘 고맙고 또 감사하다.
오늘도 또 멋진 한상이 차려졌다.
오늘은 어떤 좋은 사람과 같이 먹어 볼까나…

늘 푸른 소나무처럼4

벚꽃 지는 밤 그대가 떠나가네.

꽃길로 꽃을 밟고 그대가 떠나가네.

그대여 슬퍼하지 마소서.

그대가 남기고 간 사랑. 사랑 필요한 구석구석 그대 대신 뿌려드리리라. 그대의 웃음, 노래, 사랑. 우리네 마음속에 남아있기에 이제 그만 눈물을 멈추려 하네

사랑하는 그대여. 내 마지막 인사를 건넴세. 그대여 안녕히 잘 가시게. 그대여 부디 그곳에선 평안하기를…

'사랑과 평화' 객원 가수 손평화님 추모 시

늘 푸른 소나무처럼5

인생은 여행이다. 과거라는 역을 출발하여 현재라는 역을 지나 미래라는 종착역까지 끝없이 달리는 인생 여행이다. 지나친 역에서 많은 사람들이 타고 내렸다. 즐거웠다. 간혹 속상하기도 하고 슬프기도 했지만… 지금 나는 어머니 사랑 역에 잠시 머물고 있다. 어머니가 해주는 김치찌개와 지난 추억들을 맛있게 먹으면서… 인생이 달리고 달린다. 나는 언제나 그 자리이지만

유리창에 무엇이 보이는가?
옆자리에 누가 앉아 있는가?
어두운 굴을 지나고 있는가?
아름다운 꽃길을 지나고 있는가?
마음에 맞는 사람이 옆에 있는가?
그렇지 않은 사람과 같이 있는가?

어차피 타고 내리고 지나칠 텐데 짜증을 내어 무얼하랴! 기쁨 역, 슬픔 역, 사랑 역, 행복 역, 우정 역, 미움 역. 이제 다시 만나지 못할 지나간 역처럼 보이지만 기쁨 둘, 슬픔 둘, 행복 둘, 우정 둘, 사랑 둘 역들이 우리를 기다리고 있다. 이 얼마나 기대되고 신나는 일인가? 즐기자, 인생 여행, 신나게 즐기자. 언제 여행이 끝날지 모르지 않는가? 이제 다시 출발이다. 다음 역은 희망 역이다.

늘 푸른 소나무처럼6

비가 그친 후, 산방의 빛이 새롭다.

"시우윤물"이라 했던가?

때 맞춰 내리는 비가 만물을 윤택하게 한다.

지금이 빠른 것일까? 늦은 것일까? 아니면 때 맞춰 사는 것일까?

산다는 건 지나 보면 언제나 후회와 회한의 연속이다. 프루스트의 가지 않은 길을 늘 아쉬워하며 익숙한 길을 습관적으로 걷고 있다. 어떤 선택을 하든 그 선택이 때 맞춰 하는 최선의 선택일지 모른다. 다만 그 선택이 최선이었음을 알지 못할 뿐…

때 맞춰 그대를 만났다.
때 맞춰 산방을 지었다.
때 맞춰 비가 그쳤다.
때 맞춰 아침을 연다.
때 맞춰 철들어 간다.

오늘 무얼 하든 누굴 만나든 때맞춰 이뤄지는 일이다. 오늘 때맞춰 인연 되는 것들이 아름답고, 향기롭기를.

늘 푸른 소나무처럼7

오늘 아침 행복의 신을 신고 하루를 시작해보는 건 어떠실런지요?

1. 신발장을 연다
2. 오늘 신을 신발을 고른다
3. 그 신발에 행복이란 이름을 붙인다
4. 행복을 신는다
5. 하루를 시작한다
6. 행복이 내 발밑이다

행복은 이만큼도 저만큼도 멀리 있는 것도 가까이 있는 것도 아닙니다. 그저 내 발밑에 있을 뿐입니다. 자갈길을 가든, 진흙길을 가든, 가시밭길을 가든, 내가 내딛는 그 자리가 행복 자리입니다.

"수처작주 입처개진"

산방에서 상상의 나래를 펴며 즐거운 이야기를 찾아봅니다. 오늘따라 신발장을 열면서 신발이 다른 느낌으로 다가와 신발에 행복이라 이름 붙여 보았습니다. 불행은 누군가와의 비교에서 시작됩니다. 한 생각 바꾸면 행복해집니다.아침 하늘이 유난히 맑습니다. 오늘 하루도 내딛는 발걸음, 발걸음 하나하나에 행복이 한가득이시기를…

늘 푸른 소나무처럼8

꽃이 지고 나서야 비로소 잎사귀가 보입니다. 오를 때 보지 못했던 것들을 내려오면서 보게 됩니다. 비우고 비우니까 채워지고 채워집니다. 지금이 참 좋습니다. 그냥 이유 없이 참 좋습니다.

오르지 못해도…

나아가지 못해도…

사랑하는 사람들이 있음에 감사합니다.

그들과 같이할 수 있음에 감사합니다.

더불어 살아갈 수 있음에 감사합니다.

오늘도 감사하는 마음으로 하루를 시작합니다.

오늘도 좋은 하루입니다.

늘 푸른 소나무처럼9

인생이라는 길을 걷다 보면 소박한 우연 꽃을 만나게 됩니다. 우연 꽃을 잘 들여다보면 그 속에서 이쁜 인연 꽃을 만날 수 있습니다. 그리고 또 인연 꽃을 잘 들여다보면 그 속에서 이쁜 필연 꽃을 만날 수 있습니다.

우연 꽃에서 인연 꽃으로 인연 꽃에서 필연 꽃으로 마음을 주고 받고 사랑을 주고 받으면서 우연이 인연이 되고 인연이 필연이 되어 아름다운 세상을 만들어 갑니다.

우연 꽃, 인연 꽃, 필연 꽃 어느 꽃이 아름다우신가요? 우리네 마음에 조심스레 물어 봅니다. 오늘 우연을 가장하고 인연이 필연으로 찾아오는 날이면 좋겠습니다. 기도드립니다. 세상 모든 만남이 행복한 필연이기를…

늘 푸른 소나무처럼10

아침이라는 이름으로 새벽부터 부지런히 달렸습니다. 이제 저녁노을이라는 이름으로 하루의 고단함을 뒤로하고 내일을 위해 잠시 몸을 뉘입니다.

떠오르는 해를 보며 무엇을 생각하시나요?
지는 해를 바라보며 무엇을 생각하시나요?

뜨고 지고, 지고 뜨고 우리의 인생사입니다. 오늘이 행복한 건 내일이라는 또 다른 오늘이 있기 때문입니다. 오늘이 감사합니다. 내일도 감사할 것입니다. 언제나 아침 해를, 저녁노을을 선물하는 태양이 있는 한… 좋은 생각이 좋은 습관을 만들고 그리고 운명을 바꿀 수 있습니다. 좋은 생각으로 하루를 시작합니다.

늘 푸른 소나무처럼11

어제는 밤이 참 길었습니다. 생각이 많으면 밤이 길어지고, 생각이 적으면 밤이 짧아집니다. 사랑을 받으면 사랑이 줄어들고 사랑을 주면 사랑이 늘어납니다. 세상 셈법입니다. 억겁의 시간이 지나고 지나 우리라는 귀한 인연을 만났습니다. 이생에서 저생으로 가는 길은 가깝고도 먼 여정입니다. 서로 사랑할 시간도 부족한데 미워하며 살고 있는 건 아닌지 모르겠습니다.

살면서 제일 반갑지 않은 친구. "후회"입니다.

후회하지 않는 삶을 살아갈 수 있는 지혜를 주시길 기도드려봅니다. 아주 오래전 첫사랑이 생각납니다. 첫사랑을 잊지 못하는 건 그 사람을 잊지 못해서가 아니라 첫사랑과 함께한 가슴 설레임을 잊지 못해서겠지요. 가슴 설레이는 사람, 가슴 설레이는 날들. 나, 너, 우리의 사랑에서 시작됩니다. 첫사랑을 기다리던 그 설레임처럼 오늘 하루를 기다립니다.

늘 푸른 소나무처럼12

어제부터 내리는 축복의 꽃비가 오늘도 곱게 흐드러져 산방을 적십니다. 살아감은 더하기와 빼기입니다. 어제 오늘 내린 비는 나무와 풀들에게도 더하기입니다. 그리고 잠시 들떠 있던 마음에도 더하기입니다. 산방에서 아집과 아만과 아견은 빼기를 하고, 아늑함과 평안함은 더하기를 해봅니다.

더하기와 빼기, 무엇을 더하고 무엇을 빼야 할까요?

더하기는 쉬워도 빼기가 쉽지 않습니다. 나이 들어가며 빼기와 친해지고 더하기를 멀리 해야 되는데 그렇지 못하니 큰일입니다. 뜻대로 되지 않는 셈법. 산방에서 더하기 빼기 셈법 공부를 다시 배워봅니다. 월요일 아침입니다. 그대만의 더하기 빼기 멋진 셈법이 되는 하루가 되기를 바랍니다. 그래도 오늘만큼은 삶의 설렘과 기쁨이 더해지는 날 되시길…

늘 푸른 소나무처럼13

어제는 자그마하게 똑똑 두드리기도 하다가 갑자기 소리소리 질러가며 우박과 손잡고 불쑥불쑥 시도 때도 없이 바꿔가며 산방을 드나드는 봄비 덕에 아주 좋은 날을 보냈습니다. 햇살이 좋아야만 좋은 날인가요? 비가 와도 좋은 날이지요. 비가 오니 잠시 쉴 수 있고 사색에 잠길 수 있으니 이보다 좋은 일이 어디있는지요? 더구나 보기 힘든 우박까지 내리니 더 좋은 날이지요. 어디 우박 내리는 걸 쉽게 볼 수 있는지요. 언제 그랬냐는 듯 잠시 하늘이 맑습니다.

세상일은 잠시 잠시입니다. 우리도 이 세상 소풍 와서
잠시 놀다가는 거구요. 시간도 세월도 잠시 머물다 가구요.
섭섭함도 잠시구요. 기쁨도 잠시구요. 슬픔도 잠시구요.
괴로움도 잠시구요. 외로움도 잠시구요. 사랑도 잠시구요.
이별도 잠시구요.

우리를 스쳐 지나가는 모든 일이 잠시 잠시이지요.

우리는 왜 잠시 일어나는 일에 일희일비를 하고 살아야만 하는지요.

조금 마음이 너그러워졌으면 좋겠습니다.

조금 마음이 넉넉했으면 좋겠습니다.

잠시 산방에 머물다 가는 봄비를 바라보며 잠시 이런저런 생각을 해보았습니다.

늘 푸른 소나무처럼14

비 온 뒤라 그런지 풀들이 장난이 아니다. 풀들을 뽑으면서 인생을 배운다. 무엇을 뽑고 무엇을 남겨놓아야 하는가? 잔디밭에서 활짝 핀 민들레가 내게 필요치 않다고 뽑혀야 할 잡초 취급을 받는다. 풀들도 다 저마다의 존재의 이유가 분명히 있을 텐데… 풀들과 잡초를 필요에 의해 구별하며 세상을 산다. 나도 누군가에게 풀일 수도 잡초일 수도 있는데…

세상에 잡초는 없다.

다 똑같은 풀일 뿐이다. 사람도 그렇다. 모두 다 똑같은 사람일 뿐… 사람을 대하는 마음에 경계가 필요치 않음을 풀에게서 배운다. 사람이 행복이다. 행복을 만나는 날. 오늘이면 좋겠다.

늘 푸른 소나무처럼15

거울 앞에 앉았다. 내가 아닌 낯선 다른 사람이다. 나는 어디로 간 것일까? 누군가에게는 수없이 고맙다, 감사하다. 사랑한다 말을 건네며 살면서도 정작 나에게는 따뜻한 말 한마디 건네지 못하며 살고 있다. 등수에는 들지 못해도 열심히 달리고 있는데…

얼마나 섭섭했을까?
얼마나 속상했을까?
미안한 마음에 말을 건네 본다.

"너를 사랑해."
이제야 거울 속에 내가 보인다. 환하게 웃고 있다.

나로 사느냐?
너로 사느냐?
행과 불행의 갈림길이다.

'자애'
나를 사랑하며 살아가는 것. 그것보다 소중한 일이 어디 있으랴! 산방의 산빛, 물빛이 곱다. 그 고운 빛에 물들고 싶다. 오늘은.

늘 푸른 소나무처럼16

김광석의 법명은 "원음"이다. 법정 스님으로부터 받았다. "둥근 소리"라는 뜻이다. 아마도 "둥근 소리"라는 법명에는 모든 이의 애환과 고뇌를 둥글게 어르고 달래어 품에 안으라는 뜻이 담겨 있지 않을까? 어림잡아 법정 스님의 큰 뜻을 헤아려 본다. 우리는 너무 모나게 뾰족하게 살고 있다. 하늘도 둥글고 땅도 둥글고 세상이 둥근데… 모르긴 몰라도 처음엔 다 둥글었을 것이다. 그러나 살면서 서로 부딪치고, 상처 나고, 아프다 보니 알게 모르게 덧난 상처가 모나고 뾰족해지지 않았을까? 이제 다시 둥글어지자. 둥글둥글 살아 보자. 뾰족하면 나도 상처 나기 쉽고 또 다른 누군가에게도 상처 나기 쉽지 않겠는가? 김광석의 둥근 노래를 들으며 뾰족해진 이내 마음 달래 본다.

설렘과 두려움으로 불안한 행복이지만
우리가 느끼며 바라볼 하늘과 사람들.
힘겨운 날들 있지만 새로운 꿈들을 위해
바람이 불어오는 곳, 그곳으로 가네.
김광석의 「바람이 불어오는 곳」

바람에 내 몸 맡기고 햇살이 웃고 있는 그곳, 그곳으로 가고 싶다. 그곳은 어떤 곳일까? 둥글어지자. 오늘은.

늘 푸른 소나무처럼17

매미도 울지 않았다. 그런데도 한낮은 불볕더위다. 32.5도, 5월 날씨로는 84년 만이라고 한다. 하늘의 톱니바퀴에 금이 가고 있는 건 아닌지 모르겠다.

지인의 목공예 방에서 나무에 대해 가르침을 받았다. 고사 직전의 나무가 수분을 받아들이지 않고 자기 자신을 놔 버리면 결이 예쁘게 나오지만 끝까지 수분을 받아들이다가 죽은 나무는 결이 이쁘게 나오지 않는다고 한다. 세상살이도 그렇지 않을까? 잡을 때 잡고, 놔 버릴 때 놔 버려야 하는데… 쉽지 않은 일이다. 나무를 통해 배운다.

움직이지 않는다고, 움직이지 않는 것이 아니다.

나이 들수록 동적인 즐거움보다 정적인 즐거움을 찾게 된다. 나무처럼. 햇살 한 줌 물 한 조각, 바람 한 점에도 하늘 향해 두 팔 올렸으면 좋겠다. 오늘은.

늘 푸른 소나무처럼18

아침입니다. 마음이 편치 않아도 이렇게 또 아침을 맞이하게 됩니다. 길이 있어도 가지 못하시던 그대의 눈물을 보았습니다. 그대의 눈물이 회한의 눈물이 아닌 사랑의 눈물임을 왜 이제야 알게 되는지요. 그대의 눈물이 꽃이 되어 피어납니다. 그대의 눈물 꽃 한 송이, 한 송이, 가슴속에 고이 간직하겠습니다. 가장 낮은 곳에 젖은 낙엽보다 더 낮은 곳에 그래도라는 섬이 있다는 어느 시인의 말이 생각납니다.

그대가 없어도 그래도 숨을 쉬고,
그대가 없어도 그래도 밥을 먹고,
그대가 없어도 그래도 하늘을 봅니다.

이 세상에 제일 귀한 것이 내 몸이라고만 알고 있었지 그 귀한 몸이 부모에게서 나온 것임을 잊고 살고 있습니다. 죄송합니다. 그리고 감사합니다. 그리고 사랑합니다. 밤에 살며시 내린 꽃비는 그대가 보내주는 선물이겠지요. 그대에게 사랑한다는 말 한마디 제대로 못했습니다. 이제 그대가 떠난 뒤에야 하늘 향해 사랑한다고 말해 봅니다. 사랑합니다.

'아버님을 떠나보내며'

사랑은 적금이 아닙니다. 그때그때 찾아 쓰는 캐시 카드입니다. 사랑을 모으지 마시고 필요할 때 바로 찾아 쓰세요. 사랑 적금 타길 기다리다 사랑하는 사람이 떠날 수도 있으니까요. 늘 그렇지만 사랑하기 좋은 날입니다. 오늘은.

늘 푸른 소나무처럼19

산방은 못생겼다. 그리 이쁘지도 않다. 다만 서로 어울려있다. 새소리와 물소리가 어울리고 바람은 나무들과 어울리고 꽃들은 풀들과 어울리고 서로 어울렁 더울렁 살고 있다. 우리네 삶도 본디 그럴진대, 우리는 왜 그렇게 더불어 살지 못할까?

사람과 사람 사이는 보이지 않는 다리가 있다.
어떤 사람과는 정감 있는 섭 다리를 서로 오고 가기도 하고
어떤 사람과는 튼튼하기는 하지만 메마른 시멘트 다리를 의무적으로 오고 가기도 하고
어떤 사람과는 보기에 아름다운 무지개 다리를 서로 오고 가지만 곧 사라져 가는 허무한 다리이기도 하고 서로 서로가 오고 가는 일.

어디 혼자서 만들어 가는 다리일까? 서로서로 만들어 가다보면 어딘가에서 만나는 다리이겠지. 내가 좀 더 다가가면 어떻고 그대가 좀 더 다가오면 어떠랴. 서로 오고 갈 수 있는 다리가 만들어지는 게 중요하지. 살아가며 무거운 짐이 오고 가는 다리보다 서로 손잡고 봄꽃 구경하는 다리가 더 많았으면 좋겠다. 햇살이 산방으로 내려오는 다리가 뻥 뚫렸다. 오늘은…

늘 푸른 소나무처럼20

꽃이 피고 꽃이 진다.
해가 뜨고 해가 진다.
산방의 인연들도 오고 간다.
기쁨과 슬픔도 오고 간다.
우리는 교차하는 그곳에 서있다.
너무 일희일비하지 말자.
조금은 느긋하게 순간순간을 맞이하자.
비가 내린다.
산색이 법신이고 빗소리가 법음이다.
겨자씨보다도 작은 이내 마음 왜 이리 닦기 힘든지…
오늘은 그냥 게으르게 하루를 보내야겠다.
아무것도 하지 않고 그저 뒹굴뒹굴.

늘 푸른 소나무처럼21

오늘도 햇살이 뜨겁다고 합니다. 그래도 그 햇살을 느낄 수 있으니 얼마나 행복한 일인지요. 산다는 건 누가 뭐라 해도 크나큰 축복입니다. 요 근래 메고 다니던 무거운 멍에를 내려놓으니 몸과 마음이 가벼워지면서도 한쪽 가슴이 허합니다. 찬물에 세수를 해봅니다. 세속의 번뇌로 가려진 눈을 씻기 위함입니다. 이제 눈도 깨끗이 하였으니 산방의 어딘가에 숨어 있는 소소한 즐거움을 찾아봐야 되겠습니다.

해가 떠서 즐겁고, 새소리에 즐겁고, 물소리에 즐겁고,시원한 바람이 즐겁고, 쑥쑥 키 커가는 고추들을 바라보니 즐겁고, 통통해지는 오이, 가지를 보니 이 또한 즐겁습니다. 그렇습니다. 그리 거창한 즐거움은 아니지만 소박한 즐거움이 진정한 즐거움이지 싶습니다. 사는 게 그런가 봅니다. 알면서도 모른 체하고 남이 가는 길을 따라가고 있습니다. 이제 그만 걸음을 멈추고 내 길을 가야겠습니다. 우리의 영혼이 점점 메말라갑니다. 그건 아마도 너무 멀리서 거창한 것만 찾기 때문은 아닐까 생각해봅니다. 오늘은 눈을 크게 뜨고 주변 구석구석 촘촘히 박혀있는 즐거움을 찾아보는 건 어떠실런지요. 그리고 찾으셨다면 그 즐거움을 주위 사람과 같이하면 더욱 좋겠지요. 날 때를 몰랐는데 어떻게 죽을 때를 알겠습니까? 누군가를 미워하며 살고 있지는 않으시겠지요. 어쩌면 미워할 시간도 없을지 모릅니다.

사랑.

흔하디 흔한 말이지만 세상에서 가장 귀하고 귀한 말입니다. 사랑한다는 말. 오늘 누구에게 하실런지요?

늘 푸른 소나무처럼22

삼일수신 천제보

백년탐불 일조진

초발심 자경문에 나오는 글귀입니다. 삼일 동안만 마음을 갈고 닦아도 천 가지 재물과 보물을 가진 것 같고 백년 동안을 탐내어 욕심껏 재물을 모은 것은 하루아침에 티끌과 같이 허망하다는 뜻입니다.

나이 들면 노래 가사가 내 인생 같다고 하던데 나이 들어가는가 봅니다.

책 속에 들어있는 글귀 하나하나가 가슴을 울립니다. 백락산방에 살면서 신문과 TV를 보지도 않고 인터넷도 하지 않습니다. 세상살이에 많이 뒤쳐지며 살고 있습니다. 그런데 문명의 이기를 누리지 않으면 않을수록 맑아지는 것 같은 느낌은 왜일까요? 그건 아마도 텃밭에서 작은 농사를 짓고 마음 밭에서 마음을 가꿔서인가 봅니다. 아무 생각 없이 자연과 벗하며 이야기 나누며 삶의 순리를 배워갑니다. 이제 공자보다는 순자가 더 익숙해집니다. 아직은 버리지 못하고 있습니다. 그간의 습이 돼버린 나의 아집과 아상과 아견들 그리고 내가 지니고 있는 과분하리만치 넘치고 넘치는 것들 언제쯤이면 미련 없이 놓을 수 있을까요? 오늘은 산방의 나무 곁가지들을 정리해야겠습니다. 더불어 마음속 탐심의 곁가지도 함께…

늘 푸른 소나무처럼23

아주 오래전 말 타기 하고 놀았습니다.
아주 오래전 여자아이들 고무줄놀이 할 때 고무줄 끊으며 놀았습니다.
아주 오래전 연필 따먹기, 땅 따먹기 하고 놀았습니다.
아주 오래전 겨울 논바닥에서 찜뽕, 자치기 하며 놀았습니다.
아주 오래전 교실 마룻바닥 기름 걸레질하며 놀았습니다.
아주 오래전 정월 대보름 쥐불놀이 하며 놀았습니다.
아주 오래전 담벼락에 누구는 누구를 좋아한대요. 낙서하며 놀았습니다.
아주 오래전 개천가 얼음 얼면 썰매 타고 놀았습니다.
아주 오래전 한여름 소독차 연기 쫓아가며 놀았습니다.
아주 오래전 놀다가 목마르면 학교 운동장 한구석에 수도꼭지 빨아 가며 놀았습니다.

지금, 아주 오래전 친구들과 커피 마시며 옛날 기억들을 더듬더듬 꺼내놓고 수다 떨며 놉니다. 시간도 장소도 상대성입니다. 어제 친구들과 웃고 떠들다 보니 몇 시간이 순식간에 지나갔습니다. 그저 커피 먹고 이야기 나눴을 뿐인데… 예전 군대 생활할 때 두 시간 보초 설 때 왜 이리 시간이 안 가던지요? 또 사랑하는 그대와 함께하던 시간들은 왜 이리 짧았던지요? 시간도, 장소도 마음으로 인한 상대성입니다. 오늘 하루는 빨리 지나갔으면 좋겠습니다.

좋은 사람을 만나서…
좋아하는 일을 하고 있어서…
좋아하는 곳에 있어서…

비 온 후 오늘은 많이 덥다고 합니다. 시원하게 마음의 문을 활짝 열어야겠습니다.

늘 푸른 소나무처럼24

이른 새벽 아침 햇살을 깨울까 살금살금 산길을 올라 봅니다. 산속에 이름 모를 새가 지즐대며 나를 반깁니다. 숨 쉬고, 걷고, 생각하고… 이렇게 살아 숨 쉬며 걷고 생각하는 게 얼마나 행복한 일인지요. 지금 이 순간 나를 돌아봅니다. 내 몸이 얼마나 소중한 몸인지를… 세상사 다 감사할 일이지만 나에게 감사하다는 말은 왜 이리 인색했었던지요.

전신마비 구족 화가이자 시인이신
이상열님이 쓴「새해 소망」이란 시입니다.

새해에는
더도 말고
덜도 말고
손가락 하나만
움직이게 하소서

「새해 소망」

지금 내 손을 잡아 보세요.
지금 두 다리를 만져 보세요.
지금 심장에 손을 대보세요.

그리고 고맙다고, 감사하다고 말을 건네 보세요. 좋아서 너무 좋아서 웃음꽃이 활짝 피어나지 않을까요. 오늘도 많이 무덥겠지요. 그래도 더위를 온몸으로 느낄 수 있으니 얼마나 다행이고 감사한 일인가요. 산길을 걸으며 피부에 와닿는 산들바람이 오늘따라 유난히 반갑고 고맙고 기쁘게 다가옵니다.

늘 푸른 소나무처럼25

세상살이가 힘들고 지쳐도
내 편 하나만 있으면 살아지는 게 인생이야.
내가 네 편 해줄 테니 너는 네 원대로 살어.
「계춘할망」 중에서

빡빡한 세상입니다. 어느 때보다 사랑이 필요하고 내 편이 필요할 때입니다. 내게 내 편이 필요한 것처럼 누구에게도 내 편이 필요하겠지요. 무조건적인 내 편 부모님, 형제들, 친구들. 내 편 되기만 바랐지 그대들 편이 되어 주는 것에 너무 소홀한 것에 많이 부끄럽고 죄송합니다. 나이가 들어가면서 저절로 알게 됩니다. 지금의 내 모습은 내 편들의 사랑이 있었기에 가능한 것임을…

이제 내 편을 바라기보다 그대 편이 되어 주는 일에 마음을 써야 될 나이가 된 것 같습니다.

비 온 후 산방의 나무와 풀들의 푸르름이 더욱 짙어 보입니다. 나무와 풀에게는 햇살과 단비가 영원한 내 편이겠지요. 내 편에 대해 생각해보는 아침이면 좋겠습니다. 오늘은 내 편들에게 감사의 말 전하는 날입니다. 엄지손가락으로 보내는 문자보다 이런 사랑의 말, 감사의 말 어떠신지요?

"살면서 내 편이 되어 줘서 너무 고마워 나도 언제나 네 편이야."

늘 푸른 소나무처럼26

달빛이 참 맑고 곱다. 그 고운 달빛. 한걸음 내딛고 두 손으로 만져 보고 싶지만 혹시라도 깨질까 부서질까. 그저 창가에서…

어제는 별 하나 없이 오직 달빛으로만 눈부시게 밝았습니다. 어두운 산속을 달빛이 환하게 비출 때 보여지는 산길, 산 능선, 나무들의 실루엣. 도심에서 느껴보지 못했던 행복입니다.

월요일 아침입니다. 어제의 달빛처럼 맑고 고운 날 되었으면 좋겠습니다. 3퍼센트의 소금이 바닷물을 썩지 않게 한다고 합니다. 오늘 3퍼센트의 좋은 생각을 가지고 하루를 시작해 보는건 어떠실런지요. 3퍼센트는 너무 작아 보이시죠. 그러나 100퍼센트도 1퍼센트에서 시작이 되듯이 좋은 생각도 자꾸 하다 보면 좋은 생각으로 가득 차겠지요. 그러면 좀 더 좋은 날 좋은 세상이 되겠지요. 좋은 생각으로 시작한 오늘. 오늘도 좋을 겁니다.

좋은 생각한 것만큼.

늘 푸른 소나무처럼27

41년 만에 만났습니다. 고등학교 졸업 후 처음 만났습니다. 축복 같은 만남이었습니다. 만날 사람은 언젠가 만나게 된다는 노랫말처럼 만났습니다. 정말 살아온 날도 축복이고 살아갈 날도 축복임을 다시 한 번 깨닫게 됩니다.

세상은 인연 타래입니다.

여기서 얽혀있고, 저기서 얽혀있습니다. 어느 순간에 내가 인연의 한 끈을 당기기도 하고 누군가에게 당겨지기도 합니다. 인연들로 우리는 오늘을 살아갑니다. 사람들은 저마다 제각각 인생 자루를 메고 세상을 살아갑니다. 그 자루에는 똑같은 수의 검정 돌, 흰 돌이 들어있다고 합니다. 검정 돌은 불운을 뜻하고, 흰 돌은 행운을 뜻한다고 하지요. 어제 오늘 저는 인생 자루에서 흰 돌을 집었습니다. 예전에 검정 돌을 많이 집어서였는지 요 며칠은 계속 행운의 흰 돌입니다. 오늘 무슨 돌을 집으셨는지요. 검정 돌을 집으셨다구요. 그래도 괜찮습니다. 앞으로는 흰 돌을 더 많이 잡을 확률이 있으니 이 얼마나 좋은 일인가요. 그래도 오늘은 흰 돌이었으면 좋겠습니다. 그대들도…

늘 푸른 소나무처럼28

비가 옵니다. 내 안의 속 뜰에도 비가 옵니다. 빗소리를 듣습니다. 해조음입니다. 귀를 닫고 마음의 귀를 열어 봅니다. 꽃이 피고 꽃이 지는 소리, 별이 울고 별이 웃는 소리, 나뭇잎과 바람이 만나는 소리, 듣지 못했던 소리들이 빗소리와 더불어 들려옵니다. 잡으려 해도 잡히지 않고 그저 밖으로만 쉼 없이 나다니던 마음이란 놈이 빗소리를 듣느라 가슴 한편에서 얌전히 고개 숙이고 무언가를 골똘히 생각하고 있습니다. 공부를 한다, 한다 해도 매일 제자리걸음입니다. 이제나 저제나 평상심을 찾을까 마음 부여잡고 다시 길을 떠나 봅니다.

벌써 일곱 번째 보따리를 풀게 됩니다. 그간의 보따리에서는 생각지 않은 슬픔과 기쁨이 있었습니다. 그래도 지난 시간들은 뒤돌아보면 사랑이 가득했습니다. 그 사랑으로 슬픔을 이겨낼 수 있었고 기쁨을 한껏 누릴 수 있었습니다. 그렇지요. 살아가며 사랑처럼 귀한 것이 어디 있겠습니까. 다만 너무 가까이 있어서 느끼지 못할 뿐이지요. 오늘은 일곱 번째 보따리에 들어있는 그 많은 것 중에서 어떤 멋진 것이 나올까요. 생각만 해도 기분 좋아지는 아침입니다.

늘 푸른 소나무처럼29

볕이 따갑습니다. 그래서 더 바람이 좋습니다. 사는 게 그저 그렇습니다. 그래서 더 그대가 좋습니다. 바람이 좋고 그대가 참 좋습니다. 내가 그대가 되고 그대가 내가 되는 것처럼 아름다운 일이 어디 있을까요? 살다 보니 이리저리 부대끼며 살게 됩니다. 그때마다 화를 내고 언성을 높이며 살 수는 없겠지요. 그럴 때 필요한 마법의 주문입니다.

"나는 몰랐네, 그대가 나였다는 것을."

무위당 장일순 선생님

내가 그대가 되고, 그대가 내가 된다는 것은 서로의 마음을 헤아린다는 것입니다. 세상 살아가는데 이만한 지혜로움이 어디 있을까요? 행복은 돈이 아니라 사람입니다. 아이들의 웃음소리, 어머니의 걱정 소리, 마누라의 잔소리, 친구와 술잔 부딪치는 소리, 내 곁에 있는 사람들의 소리, 소리. 세상이 살 만한 이유입니다.

"역지사지"

오늘 그대가 되어 하루를 시작합니다.

늘 푸른 소나무처럼30

오늘은 마음이 고요한 날, 그런 날. 그런 날이면 참 좋겠습니다. 오늘은 고요한 마음에 내가 있는 날, 그런 날. 그런 날이면 참 좋겠습니다. 오늘은 이슬처럼 청량한 날, 그런 날. 그런 날이면 참 좋겠습니다. 오늘은 아침 햇살에 물들고 저녁노을에 가슴이 적셔지는 날, 그런 날. 그런 날이면 참 좋겠습니다. 오늘은 슬플 때 눈물 흘릴 수 있는 용기 있는 날, 그런 날. 그런 날이면 좋겠습니다. 오늘은 바람이 불어도 흔들리지 않는 날, 그런 날. 그런 날이면 참 좋겠습니다. 오늘은 만나는 이들에게서 들꽃 향기가 나는 날, 그런 날. 그런 날이면 참 좋겠습니다. 오늘은 만나는 이들에게 등불이 되어 주는 날, 그런 날. 그런 날이면 참 좋겠습니다. 오늘은 어제보다 생각이 밝아지는 날, 그런 날. 그런 날이면 참 좋겠습니다. 오늘은 그립고 그리운 이 볼 수 있는 날, 그런 날. 그런 날이면 참 좋겠습니다.

오늘은 그저 아무 일도 없이 어제 같은 날, 그런 날. 그런 날이면 참 좋겠습니다.

늘 푸른 소나무처럼31

지금 어디를 걷고 계신지요? 아니면 어디를 뛰고 계시는지요? 러닝머신 위를 쉼 없이 달릴 때가 있었습니다. 멈추면 넘어질까 쉼 없이 달리기만 하였지요. 그때는 왜 이리 목이 마르기만 하던지요. 마셔도, 마셔도 가셔지지 않는 목마름뿐이었지요. 이제 러닝머신 위에서 내려 산길을, 들길을, 강 길을 걸어갑니다. 가다가 힘들면 잠시 쉬어가기도 하고, 만나는 인연 꽃과 웃음꽃을 피우기도 하고, 가다가 만나는 이에게 퍼내도, 퍼내도 마르지 않는 마음 샘에서 한 모금의 사랑을 건네주기도 하고, 햇살 꽃, 달빛 꽃, 별 꽃, 바람 꽃, 노을 꽃, 꽃구경도 하고, 이제는 내달리기보다 가다가 머무르고, 다시 머무르고, 머무르다 다시 가고, 그냥 그렇게 쉬엄쉬엄 길을 걸어갑니다.

창밖에 꽃비가 후루루룩 피어내립니다.

오늘은 꽃비와 도란도란 이야기 나누며 잠시 쉬어 가렵니다. 그대 생각은 어떠신지요?

늘 푸른 소나무처럼32

잠이 덧나. 잠을 잃어버렸습니다. 덧났다는 건 상처가 있다는 것이겠지요. 그 상처를 주의 깊게 들여다봅니다. 내가 뿌린 한 톨의 씨앗에서 시작됐음을 알게 됩니다.그렇습니다. 뿌리지도 않은 씨앗이 저절로 자라난 것은 아니겠지요. 모든 것이 한 톨의 씨앗에서 시작됩니다. 그것을 키우는 것도 내 자신이기도 하구요. 마음 창고도 정리가 필요합니다. 심고 싶지 않은 씨앗들을 골라 봅니다. 고른다고 골라지는 것은 아니겠지요. 그래도 고르고 골라 봅니다. 그리고 버리고, 버리고 또 버리는 연습을 해봅니다. 그림자가 내 몸을 따라옵니다. 내 말과 행동도 그렇겠지요. 아프고 아파도 마음에 죽비 하나 있었으면 좋겠습니다.

머릿속 공부보다 가슴속 공부가 더 필요할 때입니다.

잠 못 이루는 아픔이 아픔만으로 끝나지는 않겠지요. 아픔만큼 성숙해진다고 마음이 조금은 익어 가겠지요. 오늘 아침은 덧난 상처 호 해줄 산길을 걸으려 산방을 나섭니다.

늘 푸른 소나무처럼33

어둠이 짐을 꾸리고 떠날 채비를 한다. 조금 이른 새벽이다. 고요하고 적멸하다. 창밖을 바라보니 흐릿한 잔영뿐이다. 눈을 감아 본다. 눈을 감으니 눈 뜨고 보지 못하던 지나간 세월들이 보인다. 그리운 이의 모습도 보인다.

보지 않으려 눈을 감는 게 아니라 보기 위해 눈을 감는다.

그리운 이의 사랑의 흔적들을 찾아본다. 헛웃음만 나온다. 구석구석 어디 하나 사랑의 흔적들이 없는 곳이 하나도 없기에… 이제야 그리운 이의 그 눈빛 그 미소가 보인다. 모든 것이 다 아쉬움으로 남아 뭉게뭉게 구름처럼 빈 가슴을 채운다. 아쉬움을 장롱 서랍 깊숙이 감추어 본다. 언젠가는 다시 꺼내야겠지만… 이제 그만 슬퍼하기로 하자. 그리운 이가 남기고 간 미소가 있지 않은가. 시간이 되서 아침일까? 밝아져서 아침일까? 아침이 온다. 오늘은 아버님 49재 마지막 재일이다.

늘 푸른 소나무처럼34

30, 40, 50, 고갯길, 굽이굽이 잘도 넘어 갑니다. 천천히 넘으려고 했는데 어어 하다 보니 다섯 고갯길을 넘고 이제 내일 모레면 새 고갯길을 넘을 준비를 하게 되네요. 한순간의 꿈이었습니다. 꽃길을 걷기도, 울퉁불퉁 자갈길을 걷기도, 질퍽질퍽 진흙탕 길을 걷기도, 따뜻한 햇살 맞으며 걷기도, 은은한 달빛 맞으며 걷기도, 비바람 맞으며 걷기도, 새소리, 물소리 들으며 걷기도, 꽹과리 소리 들으며 걷기도, 사랑하는 사람과 손잡고 걷기도, 혼자 걷기도, 같이 걷기도… 이제 넘어온 고갯길보다는 넘어야 할 고갯길이 그리 많지는 않겠지요. 그래도 이렇게 잘 넘어왔는데 새 고갯길도 잘 넘을 수 있으리란 희망을 가져봅니다. 지금 어느 고갯길을 걷고 계신지요. 혼자 걸으시는지요. 아니면 같이 걸으시는지요. 웃으며 즐겁게 걸으시는지요. 아니면 마지못해 억지로 걸으시는지요. 넘는 고갯길마다 행복 샘은 어디에나 있었을 텐데 무심히 지나친 건 아닌지 모르겠습니다. 뜨겁던 햇볕을 잠시 식히려나 봅니다. 빗방울이 한두 방울씩 떨어집니다. 오늘은 넘어온 고갯길과 넘어야 될 고갯길을 한번쯤 생각해 보는 건 어떠실런지요.

늘 푸른 소나무처럼35

예수쟁이, 돌중이라는 말을 들어 보셨는지요. 그런 소리를 들을 때마다 가슴이 무너져 내립니다. 그것도 목사님, 스님들의 입에서 나올 때는 더욱 앞이 캄캄해집니다. 남의 종교를 이해하지 않고서 어떻게 내 종교를 사랑할 수 있겠습니까? 이쪽 마을 산 중턱에는 유채꽃이 너무나 아름답게 피었습니다. 저쪽 마을 산 중턱에는 메밀꽃이 너무나 아름답게 피었습니다. 산을 오르고 올라 산 정상에서 내려다보면 이쪽 마을 유채 꽃도, 저쪽 마을 메밀꽃도 모두 다 보이겠지요. 어느 꽃이 더 아름다울까요? 유채꽃도 메밀꽃도 모두 다 아름답습니다.

틀림이 아니라 다름입니다.

사랑이 자비고, 자비가 사랑입니다. 오늘은 태장동 성당에서 미사가 끝나고 작은 음악회를 합니다. 딸기봉사단 소속 가수분들과 또 뜻을 같이하는 분들의 멋진 공연입니다. 음악회 진행을 할 때마다 느끼는 것이 있습니다. 받는 것보다 주는 것의 아름다움을… 한낮의 뙤약볕이 뜨겁습니다. 아니 따갑습니다. 시원한 한줄기 소낙비, 그대의 고운 말, 환한 미소입니다.

늘 푸른 소나무처럼36

비가 와요. 비가 와요. 산방의 식구들이 웃고 떠들고 아주 신이 났습니다. 짐짓 모른 체하지만 저도 좋긴 좋습니다. 내리는 비도 좋기는 마찬가지인가 봅니다. 이렇게 반겨줄지 빗줄기도 몰랐나 봅니다. 비도 웃으며 내립니다. 하늘, 땅에서 초록빛 기쁨이 가득합니다.

나이 들어가니 참 단순해집니다.

조그마한 것에서 의미를 찾고 기뻐합니다. 너무 크지 않아도 좋습니다. 조그마한 기쁨, 조그마한 사랑, 조그마한 행복, 조그마한 감동, 조그마한 설렘. 기대가 큰 만큼 실망도 커지게 됩니다.

그저 내 손안에 쏙 들어오는 조그마한 행복들을 찾아봅니다.

오늘은 크게 웃지 않아도 조그마한 미소로도 누군가에게 사랑이 전해졌으면 좋겠습니다. 행복의 시작은 작은 미소입니다.

늘 푸른 소나무처럼37

비가 오면 해가 그립고, 해가 뜨면 비가 그립습니다.
그리움은 언제나 이렇게 돌아앉아 있나 봅니다.
보고플 때 언제라도 볼 수 있으면
그건 그리움이 아니겠지요.
눈에 담을 수 있을 때 언제라도 담을 수 있다면
그건 그리움이 아니겠지요.
만질 수 있을 때 언제라도 만질 수 있다면
그건 그리움이 아니겠지요.
만날 수 있을 때 언제라도 만날 수 있다면
그건 그리움이 아니겠지요.
방 안 깊숙이 있던 그리움이 빗소리를 들었나 봅니다.
빼꼼히 고개를 내밀고 창밖의 비를 바라봅니다.
오늘은 창문을 닫지 말아야겠습니다.

제4장

백락산방의 아침 햇살

백락산방의 아침 햇살1

너무 넘칩니다. 너무 넘치고 넘칩니다. 누군가는 이런 넘침을 풍요롭다고 하기도 하겠지요. 그래도 왠지 헛헛한 마음이 드는 건 왜일까요. 풍요 속에 빈곤입니다. 마음에 잡다한 것이 넘치고 넘쳐 더 이상 마음에 들어갈 것이 없습니다. 마음이 여유로워야 할 텐데 빡빡한 마음이 드는 건 너무 가득 차서겠지요. 비울 건 비우고, 채울 건 채워야 되는데…

산방에 온 아이들이 스마트폰만 하루 종일 만지다가 떠났습니다. 왠지 씁쓸합니다. 옛날 옛적이 되어버렸지만 종이배를 만들고, 종이비행기도 만들어 물에 띄우고, 하늘에 날리며 뛰어놀던 기억이 떠올랐습니다. 지금의 어린 친구들은 고루하다고 생각할지 모르겠지만, 지금 생각해보면 그것은 어릴 적 꿈을 실어 띄우고 날렸던 건 아닌지 모르겠습니다. 지금은 가다 멈추고 떨어져 버렸지만…

조금은 부족했으면 좋겠습니다. 지금의 나에게도, 그리고 아이들에게도. 나이 들어 꿈이 없어진 것 같습니다. 그저 바라는 것은 건강이라고 말할 뿐입니다. 건강은 진정한 꿈이 아닐 텐데…

잃어버린 꿈을 찾고 싶습니다. 그래서 그 꿈을 종이배에 종이비행기에 실어 띄우고, 날려 보내고 싶습니다. 어릴 적 꿈이, 기억이 나지 않습니다. 가물가물합니다. 그래도 잘 찾아보면 가슴 속 어딘가 분명히 있긴 있을 텐데요. 아직은 늦지 않았다는 희망을 가져 봅니다. 종이배를 띄어 봅니다. 종이비행기를 날려 봅니다.

뒤늦은 꿈을 실어서…

백락산방의 아침 햇살2

파란 아침입니다. 오늘도 하루라는 길을 걸어갑니다. 하루 길, 매일 걷는 길이지만 다 똑같은 길은 아닙니다. 어떤 하루는 복받치는 슬픔에 비틀거리며 걷기도 합니다. 어떤 하루는 너무 신이 나서 휘파람 불며 걷기도 합니다. 어떤 하루는 뒤도 돌아보지 않고 앞만 보고 걷기도 합니다. 어떤 하루는 커다란 돌멩이에 막혀 낑낑대다가 주저앉아 걸어가지 못하기도 합니다. 어떤 하루는 누군가 만들어 놓은 나무 의자에 앉아 흐르는 땀을 식혀가며 느긋하게 걷기도 합니다. 어떤 하루는 마음 맞는 이가 있어 손잡고 노래 부르며 기쁨에 걷기도 합니다. 어떤 하루는 무엇 때문에 걸어야 되는지 이유도 모르고 걷기도 합니다. 매일 해가 뜨고 노을이 집니다. 그렇게 우리네도 매일 하루 길을 걸어야겠지요. 오늘도 하루라는 길을 걸어갑니다. 조금 천천히 걸어가야겠습니다. 앞만 보기보다 길가에 꽃도 보고 하늘에 구름도 보고 뒤에 오는 사람을 기다리기도 하면서 걸어가야겠습니다. 걷다가 돌멩이 하나 있으면 치워가며 걸어가야겠습니다. 걷다가 누구라도 쉬어가게 나무 의자 하나 만들어 놓아 가며 걸어가야겠습니다. 오늘 하루는 어머니와 동생들 손잡고 걷기로 했습니다. 걷는 내내 행복하겠지요. 한 포기 가녀린 바람꽃도 아름답게 느껴지는 무더운 날입니다. 오늘 그대의 하루 길 걷는 내내 즐겁고 행복하시기를 기도드립니다.

백락산방의 아침 햇살3

한 손으로도 셀 수 있는 다섯 마디의 말이라는 아이들의 동요를 들었습니다. 크나큰 가르침으로 다가왔습니다. 그렇습니다. 행복은 멀리 있는 것이 아니라 손안에 있었습니다. 돈이 많으면 좋기야 좋겠지요. 폼도 나고 편하기도 하고… 그러나 행복을 돈으로 살 수는 없는 것이지요. 행복은 만들어 가고 찾아가는 게 아닐런지요. 한 손으로 셀 수 있는 다섯 마디의 말이 행복의 시작입니다.

미안합니다. 고맙습니다. 감사합니다. 사랑합니다. 행복합니다.

멀찌감치 떨어져 있던 행복이란 놈이 성큼성큼 내게로 다가옵니다. 뭐니 뭐니 해도 행복은 돈이 아니라 사람과의 관계에서 시작됩니다. 지금 이렇게 산방에서 적요의 삶을 살아가는 것을 조심스럽게 행복이라 말해봅니다. 행복의 기준을 남과 비교하면서 행복이란 놈은 저만큼 달아납니다. 오늘 한 손으로 셀 수 있는 다섯 마디의 말. 누구에게 하실런지요.

내가 행복하고 그대가 행복한 말. 사랑합니다.

백락산방의 아침 햇살4

밤새 잠깐 다녀간 소낙비에 아침 햇살이 싱그럽습니다. 잠시 후에는 다시 뜨겁게 타오르겠지만… 어쩌, 어쩌다 어른이 되었습니다. 어른의 옷을 입기에는 아직 크지도 않았는데… 누구에게 말을 듣기보다 누군가에게 말을 해주는 나이가 됐습니다. 아직 말의 무게도 그리 무겁지 않은데… 도심에서 길을 잃어버린 사람들이 산방에서 길을 찾아볼까 하고 찾아들 오십니다. 사실은 산방도 막다른 길 끝에 닿아 있는데… 차 한 잔에 이런저런 이야기를 나눠 봅니다. 그러다가는 서로 말이 없어집니다. 그저 서로 말없이 어둠 속 산마루금만 바라보다 눈이 마주치면 그냥 웃고 맙니다. 말이 필요 없는 시간입니다. 어둠 속에서 길을 찾아봅니다.

손에 든 등불보다 마음의 등불의 심지에 불을 지펴 봅니다.

아침이 오지 않는 어둠은 없습니다. 그대에게 어둠은 무엇이고 아침은 무엇인지요. 8월 15일, 좋고도 좋은 날입니다. 그날의 기쁨처럼 오늘도 기쁨이 가득한 날이기를 기대해봅니다.

백락산방의 아침 햇살5

산속에 산방을 지은 지 5년째입니다. 오시는 분들마다 외롭지 않냐고, 무섭지 않냐고 물어들 보십니다. 글쎄요. 외롭다기보다 무섭다기보다 즐거웁고 재미있습니다. 그건 아마도 자연의 그중에서도 흙의 마법에 빠졌기 때문이 아닌가 생각됩니다. 산에 살면서 꽃향기보다 흙 내음에 정이 더 가는 이유이기도 하고요. 흙의 진솔됨을 믿습니다.

삼월에 상추, 감자. 사월에 오이, 호박, 가지. 오월에 옥수수. 칠월에 참깨, 들깨. 팔월에 배추, 무. 한 톨의 씨앗을 머금으면 짧게는 50일, 길게는 100일이면 멋진 작품을 만들어 냅니다. 우리에게도 시간이 있듯이 흙에게도 시간이 있는 거지요. 시간은 그저 지나가는 것이 아닙니다. 흙에게도 우리에게도…지금 행복하신지요. 행복하시다면 그건 분명히 지난 시간에 행복의 씨앗을 뿌렸기 때문입니다. 미래에 행복을 원하시나요? 그렇다면 지금 행복의 씨앗을 뿌려야겠지요. 조금은 머금어야 품어야 아름다운 결실을 만드는 것이지요. 사랑을 머금고, 우정을 머금고, 그리움을 머금고… 어젯밤 소낙비로 빗물을 머금은 흙이 환하게 웃고 있습니다. 오늘 그대는 무엇을 머금고 품으시려는지요?

백락산방의 아침 햇살6

살아오며 가장 잘한 일, 밥 잘 먹은 일. 살아가며 가장 잘해야 할 일, 밥 잘 먹는 일. 전화기 너머로 들려오는 어머님 목소리.

"밥 먹었니"

어머니와 전화 통화는 늘 "밥 먹었니"로 시작됩니다. 참 쉬운 일입니다. 효도라는 게(?) 자식들이 밥 잘 먹고 건강하고 착하게 살아가기만을 바라는 우리네 부모님들. 진정한 효도라는 게 어떤 것일까요? 지난 세월 아무리 뒤돌아봐도 밥 잘 먹은 거 이외에는 어머니께 무엇 하나 제대로 해드린 게 없습니다. 늘 죄송합니다. 그리고 늘 고맙습니다. 어머님이 차려주는 밥상이 그리운 아침입니다. 오늘은 제가 먼저 전화드려야겠습니다.

"어머니 식사하셨어요?"

백락산방의 아침 햇살7

산방에 가을비가 내립니다. 내리는 가을비를 바라보다 문득 이런 생각이 들었습니다. 부딪치며 내는 소리는 모두 같지 않구나. 집 지붕과 부딪치는 소리, 여여다실과 부딪치는 소리, 찜질방과 부딪치는 소리, 작업실과 부딪치는 소리, 배추 밭과 부딪치는 소리, 나무들과 부딪치는 소리. 지붕의 높이와 재질에 따라 틀리고 흙에 무엇이 있느냐에 또 틀리게 빗소리가 달리 들립니다. 비도 이렇게 부딪치면 다른 소리가 나는데 하물며 우리 사람들은 오죽할까라는 생각을 해봅니다.

살아가며 이런 소리, 저런 소리, 맑은 소리, 탁한 소리 부딪치며 나는 소리가 우리네 인생 소리이겠지요.

어찌 맘에 드는 소리만 들을 수 있겠습니까? 남이 나에게 부딪치는 소리와 내가 남에게 부딪치며 나는 소리를 비교는 해보셨는지요? 내리는 가을비를 통해 삶의 지혜로움을 배웁니다. 동네 어르신들이 오늘 내리는 비는 약비라고 합니다. 내리는 약비에 우리네 마음도, 몸도 건강해지길 기도드립니다.

백락산방의 아침 햇살8

봄은 눈으로 보는 계절입니다. 여름은 피부로 느끼는 계절입니다. 가을은 귀로 듣는 계절입니다. 겨울은 눈으로, 느낌으로, 귀로 듣는 계절입니다. 지금 들으시는 가을 소리는 무엇인지요?

자영업을 하는 친구들과 이야기를 나눠보면 장사가 안 되도 너무 안 된다고 합니다. 점점 어려워지다 보니 마음까지도 각박해지고 웃음도 잃어버렸다고 걱정들이 한가득입니다. 살아가며 앞이 보이지 않을 때 이것처럼 힘든 게 어디 있겠습니까? 어떤 위로와 격려의 말도 도움이 되지 않는 현실이 안타깝습니다. 그래도 이렇게 맥 놓고 있을 수는 없지 않겠습니까? 조금은 힘을 내보시죠. 그대 뒤에는 언제나 그대 편인 가족이 있지 않는지요? 잠시 마음을 가다듬고 가을의 소리에 귀를 기울여 보시지요. 무슨 소리가 들리는지요?

가을바람 소리. 쓰담쓰담. 가을 낙수 소리. 토닥토닥.

쓰담쓰담. 토닥토닥.

가을이 들려주는 소리에 힘을 내보시지요? 가을이, 가족이 우리를 버티게 하는 힘입니다. 그래서 가을이, 가족이 더 좋은 아침입니다.

백락산방의 아침 햇살9

아침 식사는 하셨는지요? 음식도 시절입니다. 풋고추, 노각 무침, 가지 볶음, 오이냉국, 호박 비빔국수. 여름에 즐길 수 있는 소박한 밥상에 많이 행복했습니다. 가을에는 또 어떤 시절 음식이 우리를 행복하게 할까요? 우리네 인생 먹는 것만큼 중요하고 행복한 일이 어디 있겠습니까? 과하지 않는 식탐이야 조금은 용서가 되겠지요. 함지박에 하얀 밥과 갖은 나물, 참기름 한 방울, 고추장 한 순갈, 깨 보송이, 김가루. 썩썩 비벼서 여럿이 둘러앉아 가위바위보 하며 한 숟가락씩 떠먹는 상상을 해봅니다. 생각만 해도 기분이 좋아집니다.

뭐니 뭐니 해도 음식은 같이하는 사람들에게서 맛이 시작됩니다.

아무리 진수성찬이라도 혼자서는 무슨 맛이 있겠습니까? 오늘은 누구와 밥상을 함께하시려는지요? 맛은 사람에게서 시작됩니다. 오늘 그대의 밥상. 사람으로 행복하시기를…

백락산방의 아침 햇살10

아침 햇빛이 나뭇잎 뒤에 숨는다.

그간 뜨악했던 지난 시간들이 많이 민망한가 보다. 가을은 이렇게 모두를 착하게 만든다. 이제 정말 완연한 가을이다. 산방에도 시도 때도 없이 후드득 떨어지는 도토리 밤송이, 쉼 없이 오고 가는 청서(청설모)와 다람쥐, 마지막 비행을 하는 잠자리들로 가을 한가운데에 있음을 실감한다.

겨울에는 따듯하게, 봄에는 화사하게, 여름에는 시원하게, 가을에는 화려하게 옷장을 뒤져 보자. 평상시보다 조금은 원색으로 화려한 옷을 골라보자. 색에 따라 기분이 따라간다. 검정, 빨강, 파랑, 노랑, 오늘은 어떤 색이 좋을까? 검정도 그렇고, 빨강도 그렇고, 파랑도 그렇고, 노랑도 그렇고, 그래 오늘은 분홍이다. 오늘도 어제처럼 좋은 날. 가을에 물들어 가자. 가을이 익어간다. 나도 그대도 오늘은 가을이다.

백락산방의 아침 햇살11

가을 가뭄에 산방의 산길이 겨울 준비에 바삐 움직이는 다람쥐의 잔걸음에도 폴폴 한숨을 토해냅니다. 그래도 어젯밤엔 생각지도 않던 작은 단비가 쪼르르 한걸음에 달려와 산방의 품에 안기더군요. 그 촉촉한 둘의 만남에 행복한 마음이 가슴에 가득 차 짧은 잠을 자고 말았습니다. 생각지도 않아서 행복한 일이 있습니다.

겨울 옷을 정리하다 주머니에서 나온 꾸깃꾸깃 만원 한장이 나올 때,

다시 한 번 읽고 싶던 책을 보다 책갈피 속에 빨갛게 물든 단풍잎이 나올 때,

차를 타고 가다 김광석의 「사랑이 머무는 자리」 노래가 나올 때,

어떤 우연에 행복을 느끼시는지요. 우연의 겉옷 안에는 인연이 있는 건 아닌가 하는 생각은 안 해보셨는지요. 지금 우연히 이뤄지는 일들이 어쩌면 정해진 인연이고 필연일지도 모르겠습니다. 오늘은 어떤 우연이 일어날까요? 우연에서 찾아내는 인연 그리고 필연. 무심코 지나가는 우연에서 행복을 찾아봅니다. 만날 사람은 언젠가 만나게 된다지요. 오늘 만나는 그대도 정해진 만남이겠지요.

백락산방의 아침 햇살12

어제 저녁 많이 놀라셨죠. 산방도 눈으로 몸으로 느낄 수 있을 정도의 작은 흔들림이 있었습니다. 일본의 잦은 지진의 참상을 보다가 직접 경험하게 되니 자연 앞에 더욱 겸허하게 됩니다. 오늘 아침 가을 햇빛이 참 곱습니다. 매일 맞이하는 아침이지만 오늘은 더 남다르게 다가옵니다. 하루하루의 소중함을 너무 잊고 살아가는 우리네에게 어제의 지진은 자연의 따끔한 일침인지도 모르겠습니다. 한의원에서 침을 맞으며 몸이 건강해지듯, 자연의 침이 이기심과 시기에 가득 찬 우리네 마음들을 조금은 치유하는 계기가 됐으면 좋겠습니다.

지금 누리는 이 모든 것들이 어디에서 시작됐는지 다시 한 번 뒤돌아봅니다.

모두, 모두가 감사합니다. 오늘 아침은 겸허한 마음으로 감사기도드리며 시작해야겠습니다.

백락산방의 아침 햇살13

산방의 빗장을 열며 마음의 빗장마저 아침 햇살과 함께 열어 봅니다. 눈부십니다. 오늘의 이 아침이… 이 얼마나 감사한 일인지요? 살아오며 마음속에 살아온 날들의 감사보다는 이루지 못한 회한들을 늘 아쉬워하며 살고 있지는 않으신지요? 누군가의 말이나 행동으로 마음의 빗장을 굳게 닫은 적은 없으신지요? 마음의 빗장은 닫아 놓고 열어 놓은 것처럼 가면을 쓰고 있었던 적은 없으신지요?

마음의 문을 활짝 열어 보세요.

무거운 마음의 문 열고 닫기가 귀찮기도 하고 지치기도 하잖아요. 열리고 닫는다는 것. 아주 작은 차이이지만 어쩌면 앞으로의 살아감에 또 다른 이정표일지도 모릅니다. 마음의 빗장을 풀고 서로를 받아들이는 기쁨의 일들이 풍성한 날. 바로 오늘이면 좋겠습니다.

백락산방의 아침 햇살14

달콤한 잠에서 깨니 얌전히 비가 내리고 있습니다. 맑은 햇살의 아침도 반갑지만 이렇게 빗소리에 눈을 떠보니 조금은 어두운 아침이 운치 있게 마음에 들어옵니다. 일년 365일 중 토요일 아침에 이렇게 빗소리에 잠에서 깨어나는 일이 몇 번이나 마주할 수 있을까하고 생각하니 갑자기 오늘 아침이 아주 귀하고 멋지게 내게로 다가옵니다. 사실 아침만큼 공평한 것이 어디 있겠습니까? 한 치의 오차도 없이 아침은 누구에게나 찾아옵니다. 타워 펠리스에도, 5층 연립 주택에도, 산속 산방에도, 금 수저에도, 은수저에도, 흙 수저에도, 높고, 낮고, 있고, 없고, 많고, 적고에 상관없이 아침은 누구에게나 어김없이 찾아옵니다.

그대에게 오늘 아침은 어떤 모습인지요?
내일 아침에 만약 눈을 뜨지 못한다는 상상은 해 보셨는지요?
그러기에 아침은 축복입니다. 월, 화, 수, 목, 금 아침을 똑같이 늘 맞이하지만 토요일의 아침은 괜히 웃음부터 납니다.

오늘 하루는 무엇으로 채우시려는지요?
슬픔으로 채워도 하루.
웃음으로 채워도 하루.

울음으로 채워도 하루.
사랑으로 채워도 하루.
미움으로 채워도 하루입니다.

오늘은 비 오는 토요일. 그래서 더 좋은 날!

백락산방의 아침 햇살15

산방의 아침이 제법 쌀쌀합니다. 한 움큼 작은 햇살도 고마운 이유입니다. 어제는 누구와 만나고 누구와 헤어지셨는지요?

"줄탁동시"

알에서 깨어나려는 병아리와 고귀한 깨어남을 기다리는 어미 닭의 첫 눈 맞춤입니다. 얼마나 경이로운 만남일까요? 사람과 사람의 만남. 그냥 우연은 아닙니다. 그저 스치는 것처럼 보이고 무심코 지나치는 것일 뿐… 그동안 우리는 얼마나 많은 사람들을 만났었고 앞으로도 또 얼마나 많은 사람들을 만나게 될까요? 만남의 소중함을 믿습니다. 오늘도 누군가를 만나 새로운 첫 만남으로 추억의 책장 속에 차곡차곡 쌓이겠지요. 그 만남이 때론 가슴이 아리고 마음이 아프기도 하고 기쁘기도 하고 행복하기도 하겠지만… 오늘이 설레고 기다려집니다. 누군가를 또 새로이 만날 수 있다는 기대 때문이겠지요.

나, 너, 우리가 더불어 사는 세상.

오늘부터 시작입니다.

백락산방의 아침 햇살16

일요일은 "휴"요일이다.

쉬자, 쉬자, 맘껏 쉬자. 몸도, 마음도.

행복은 조그마한 데서 시작되지 않을까? 부족한 데서 시작되지 않을까? 가난한 데서 시작되지 않을까? 5일 근무 끝에 만나는 일요일. 배고픔 끝에 먹는 식사 한 끼. 목마름 끝에 먹는 물 한 잔. 더위 끝에 만나는 바람 한 점. 가을 끝에 만나는 햇살 한 움큼. 행복은 마음의 문을 열고 닫고에 있지 않을까? 느끼고자 누리고자 마음의 문을 열어놓았는가? 따스한 햇살이 우리를 감싸고 향긋한 꽃 내음이 우리의 코를 간지럽혀도 무덤덤하다면… 서쪽 하늘의 노을이 아름답게 걸려 있어도 그저 스쳐만 지나간다면… 일요일 아침 불어오는 바람에서 자작 냄새를 맡지 못한다면… 조금만 눈을 돌리고 스쳐 지나가는 것에 잠시만 관심을 가져보자. 우리를 행복하게 만드는 것들이 도처에 깔려 있지 않는가? 마음의 문을 열자. 행복의 시작은 마음자리에 있다. 꽁꽁 닫았던 마음의 문을 열자. 문을 열고 보는 세상은 문을 닫고 보는 세상과 같지 않으리라.

"휴"요일. 맘껏 누리자. 맘껏 느끼자. 마음의 문을 열고, 오늘을…

백락산방의 아침 햇살17

9월이 또 이렇게 속절없이 흘러갑니다. 하루는 엄청 길은 것 같아도 막상 지나고 보면 왜 이리 짧게 느껴지는지 모르겠습니다. 우리가 살면 얼마나 살 수 있을까요? 백 세 인생이라 흔히들 얘기를 하지만, 하지만 현실적으로 그렇게 장수하기가 쉽지는 않습니다. 그래도 큰 병 없으면 90살 정도는 살 수 있지 않을까 생각해봅니다. 어쩜 그것도 욕심일지도 모르겠지만요. 그래도 90살까지 산다고 가정해서 나이를 거꾸로 세워 보았습니다. 저에게는 대략 30여 년이 조금 더 남아 있지만 우리네 어머니들은 몇 년이나 남아 있을까요? 길게는 8~9년, 짧게는 3~4년이시겠지요. 그리 많지 않으신 시간들입니다. 우리는 아직까지도 우리를 지켜주던 어머니로만 어머니를 생각하고 있는 건 아닌지요? 어머니가 아니라 누군가가 돌봐드려야 할 아주 힘없는 노인이시고 할머니이신데… 언제까지 기다려 주실까요? 우리네 어머니들에게는 시간이 그리 많지 않습니다.

남편은 가지고, 자식은 열매고, 부모는 뿌리입니다.

우리는 뿌리에 물을 주기보다 열매에다만 너무 물을 주는 건 아닌지요. 생각만 해도 눈물 나는 이름입니다. 어머니. 우리네 어머니들. 그간 우리를 키우면서 얼마나 많은 눈물을 쏟아 부었을까요? 자식을 생각하며 기도하며 흘리신 눈물. 어쩌면 그 보석 같은 눈물을 먹고 우리는 자랐는지 모르겠습니다. 우리는 어머니를 위해 얼마나 눈물을 흘렸을까요? 오늘 아침을 너무 무겁게 연 게 아닌지 모르겠습니다. 그래도 뒤돌아보았으면 좋겠습니다. 지금 내 몸뚱아리. 지금 서있는 이 자리. 어디에서 시작됐는지… 이 땅에 사시는 어머니들의 무병장수를 간절히 기도드립니다.

백락산방의 아침 햇살18

참 세월이 잘도 흘러간다. 올해 시작이 엊그제 같았는데 벌써 9월의 끝자락이다. 세월을 잡아도 시원치 않은데 도리어 세월을 앞당겨 살고 있다. 지금 산방의 아침은 11월이다. 벌써부터 겨울의 숨소리가 들린다. 산속에서는 부지런해야 되건만 서늘한 찬바람을 핑계로 점점 게을러진다. 그런 나를 작은 겨울바람이 아침 일찍 잠에서 깨운다. 봄여름 내내 그렇게 지저대던 새들도 자취를 감춘 지금 산방의 주인은 바삐 움직이는 다람쥐와 청서 그리고 가을 국화이다. 눈으로 가을을 느끼고, 몸으로 겨울을 느낀다. 봄, 여름, 가을 그리고 겨울이 있어서 얼마나 다행이고 행복한 일인가?

제행무상,

움직이는 것은 모두 변하는 것. 그 변화의 흐름 속에 우리도 변해 가는 것. 그래도 변치 않을 것을 굳이 찾아본다면 우리네 한결 같은 마음뿐. 쉽지 않은 일이지만… 느껴보자. 세월의 지나침을. 이 가을의 숨결을. 지나면 다시 못 올 2016년 9월 27일. 오늘.

백락산방의 아침 햇살19

산방에 비가 오고 바람이 붑니다. 산속의 비바람이 경책의 회초리가 되어 마음을 후드려 칩니다. 뭉그렇게 흘러간 지난 세월들. 그렁저렁 보낸 시간들에 대한 회한이 밀려옵니다. 왜 그리 못나게 살았던지요? 아상과 아집과 아만에 가득 차서 무엇 하나 제대로 본 적이 없는 것 같습니다. 산방이 들어온 지 어느덧 5년. 참 많이도 변했습니다. 소나무숲 사이로 해가 뜨고 달이 뜨고, 산 마루금 사이로 장작불 같은 노을이 비켜가는 모습을 바라보면서… 자연을 통해 하심을, 무심을 배우고 있습니다. 어느덧 살아온 날보다 살아갈 날이 적은 나이가 됐습니다. 이제야 세상을 어떻게 살아야 할지를 어렴풋이 알 것 같습니다. 지금 산속에서 무엇을 더 바라겠습니까? 무엇을 더 바란다면 그것이야말로 욕심이겠지요. 그저 지금의 삶에 감사할 따름입니다. 굳이 달마가 동쪽으로 간 까닭도 알고 싶지 않습니다. 배가 고프면 밥을 먹고, 술이 고프면 술을 먹고, 친구가 고프면 친구를 그리워하고, 그렇게 하루가 이틀이 되고, 한 달이 되고, 십 년이 되어 가더라도 그냥, 그냥 살고 싶습니다. 다만 한 가지 바란다면 내 얕은 마음 물에 형상에 뒤흔들리어 내 모습을 보지 못하는 우를 범하지 않았으면 좋겠습니다. 스밀 듯 밀려오는 가을비에 산방도 마음도 촉촉이 젖어 듭니다. 비 오는 날 오늘은 지난 일 참회하며 하루를 보내야겠습니다.

백락산방의 아침 햇살20

풍요의 달, 10월의 시작입니다. 산방도 조금은 풍요롭습니다. 다람쥐가 남기고 간 도토리도 주워 놓고, 산밤 대추도 조금 따 놓고, 난로에 구어 먹을 감자, 고구마, 냉동 옥수수도 준비하고, 긴 겨울나기를 준비하고 있습니다.

동네 분들도 말린 고추를 파시느라 정신이 없습니다. 그런데 고추농사는 잘 지으셨는데 판로가 마땅치 않아 걱정들이 많으십니다. 여름내 땀 흘리며 키우신 농사의 결실을 맺지 못함에 많이 안타깝습니다. 고추를 따고 말리는 게 힘겨웠던 게 아니라 사람들에게 판매하는 게 훨씬 더 힘이 듭니다. 그러다 보니 아는 사람에게 주로 판매를 하게 됩니다. 그러다 보니 값도 깎아 줘야 되고 덤도 더 주어야 됩니다. 그렇지 않으면 야박하다고 하고 정 없다고도들 합니다. 희한한 것은 경제적으로 풍요로운 사람들이 더 타박을 하고 값을 흥정합니다. 그래서 그들이 부자가 된 걸까요? 물론 시골 장에서의 적당한 흥정과 덤은 장 구경의 묘미이겠지요. 그래도 시골 직거래는 조금은 양보하는 건 어떨까 생각해봅니다. 처음부터 가격도 그렇고, 양도 그렇고, 넉넉한 시골인심까지 담아 놓고 있으니까요.

우리는 그저 단순히 고추라는 농산물로만 보기보다는 힘들게 한여름 땀과 정성이 담긴 노동의 가치로 보아 줄 수는 없는지요. 도심에 있을 때는 몰랐던 그분들의 노고를 산방에 살면서 헤아리게 되었습니다. 동네 분들이 매번 하시는 말. "에이 내가 내년에 다시는 고추 농사를 짓나 보라"하고 오기도 부려 보시지만 알고 있습니다. 내년에도 또 고추 농사를 지으신다는 것을… 외로움을 가장 무서워하시는 동네 어르신들. 봄, 여름, 가을은 어느 때보다도 활기 있으셨지만. 겨울은 외로움과의 싸움이십니다. 동네 어르신들 힘내시고 늘 무병장수를 축원드려 봅니다.

세상이 아무리 어둡고 어두운 것 같아도 그래도 살 만한 것은 우리네 마음에 등불이 있기 때문입니다.

10월의 첫날. 오늘은 마음에 등불을 켜는 날이면 좋겠습니다.

백락산방의 아침 햇살21

새뜩 새뜩, 가을 바람,높아진 가을 하늘, 빨갛게 물들어 가는 가을 낙엽, 산방에 가을이 가득하다. 가을의 풍요로움만 빼고… 배추 농사를 망쳤다. 배추를 키운 건지, 벌레를 키운 건지… 산방에 들어온 지 어언 5년. 제초제, 살충제 안 치고 작은 작물이라도 농사지어 먹고 있지만 풀벌레와 같이 더불어 살아가기가 쉽지 않다. 농약, 농사 짓는데 필요한 약이다. 농약을 치지 않고는 무엇 하나 제대로 되는 게 없다. 배도 사과도 먹을 수 없을 정도다. 그나마 상추, 오이, 호박이 잘 버티며 자랄 뿐이다. 집집마다 살충제, 제초제, 복합 비료, 유기질 비료, 요소 비료 등 농약 창고가 있을 정도다. 아직까지 농약 없이 살아가지만 이 마음이 언제까지 갈지는 모르겠다. 산속에서 의심 병이 생겼다. 마트에서 파는 잘생긴 농작물을 보면 의심부터 하게 된다. 얼마나 농약을 쳤으면 저렇게 잘생겼을까? 농부들의 어쩔 수 없는 선택이었겠지만… 이 모든 것이 우리의 자업자득이 아닐까?

그동안 땅의 소중함을 우리는 너무 잊고 살고 있다.

산방의 계곡에도 버리고 가는 쓰레기들이 지천이다. 내 집 안방이라면 과연 이렇게 버릴 수 있겠는가? 다시는 못 볼 듯이 스스럼없이 하는 일들이 결국엔 우리에게 되돌아오는 독화살이라는 것을 모르고 살고 있는 건 아닌지… 약을 먹어 병을 고치듯 배추에도 약을 쳐야 되건만 왠지 선뜻 손이 안 간다. 올해 배추 농사는 벌레들에게 보시나 해야겠다. 살아가며 약이 되는 시간. 살아가며 약이 되는 사람. 오늘 그런 시간, 그런 사람 만나는 날이면 좋겠다.

백락산방의 아침 햇살22

비가 멎기를 기다려, 바람이 가기를 기다려 해를 보듯이…
노을이 지고, 어둠이 쌓여야 별과 달을 보듯이…

그리운 이, 가슴에 가득 차면 만날 수 있을까? 누군가가 그리워지는 계절, 가을이다. 나만 그런가. 아님 다른 사람도 그럴까? 빨갛게 나뭇잎이 물들어 가듯 마음도 익어 간다. 바라보는 모든 것들이 다 센티해진다. 나이 든다고 감성까지도 잊어버리고 싶지는 않다.

때론 아이처럼 환한 웃음 지어 보자. 아무 생각 없이,

아무 조건 없이 너무 많은 생각으로 마음이 뒤숭숭한 건 아닐까? 이 생각, 저 생각. 오락가락한 생각 모으기가 왜 이리 어려운가? 오늘 그리운 이. 바람결에 소식이나 들었으면 좋겠다.

백락산방의 아침 햇살23

어제는 잠이 덧나 밤새 별들과 하얗게 밤을 새웠습니다. 어설픈 피곤함이 잠을 뺏어 가고 말았습니다. 그래도 아주 사소한 것에도 민감하게 반응하는 몸과 마음이 고마울 따름입니다. 아침저녁으로 날씨가 제법 쌀쌀합니다. 넓은 것이 좋으신지요. 깊은 것이 좋으신지요. 깊지는 않지만, 넓게 사람을 만나는 사람. 넓지는 않지만, 깊이 있게 사람을 만나는 사람. 그대는 넓은 쪽이신지요. 깊은 쪽이신지요. 넓고 깊은 것을 따지기 전에 나를 뒤돌아보는 건 어떠실런지요. 무엇보다도 사람과의 관계에서는 상대방보다는 나의 태도가 무엇보다도 중요하지 않을까요? 나는 잘하는데 상대방이 그렇잖아, 라는 말을 입에 달고 있는 것은 아닌지요.

콩 심은 데 콩 나고, 팥 심은 데 팥이 나옵니다.

커피 자판기에서 밀크 커피를 누르고 블랙커피가 나오길 기다리지는 않으신지요. 무엇보다도 중요한 것은 상대방을 대하는 진심 어린 마음입니다. 오늘 만나는 이들 서로서로 마음에서 우러나는 진심 어린 사랑의 말 계산 없는 웃음 주고받는 그런 날 되기를 희망해봅니다.

백락산방의 아침 햇살24

산방에 아침이다. 창문을 여니 기다렸다는 듯 햇살과 차가운 공기가 앞서거니 뒤서거니 들어온다. 한 줌의 햇살이 얼마나 안타깝고 귀한 것임을 알게 되는 시기이다. 마음이란 것이 딱딱한 것일까? 물렁한 것일까? 글쎄 모르겠다. 내 마음은 딱딱한 것일까? 물렁한 것일까? 글쎄 모르겠다. 도대체 모르겠다. 내 마음이 물렁하다고 상대방도 물렁하기를 바라는 건 아닌지. 그것은 상대방도 마찬가지. 내 마음이 딱딱하다고 상대방도 딱딱하기를 바라는 건 아닌지. 그것은 상대방도 마찬가지. 내가 나를 모르는데, 네가 나를 어떻게 알겠느냐는 투정 아닌 투정. 그것은 상대방도 마찬가지. 흔히들 하는 말. "내 맘 같지 않아." 그것은 상대방도 마찬가지. 서로를 이해하고 인정하자. "그럴 수도 있겠지"라는 생각으로 이해하고 이해하자, 라고 하면서도 속상한 건 어쩔 수 없는 현실. 그래서 매일 웃고 우는 게 우리의 인생 아닐까? 화나고 속상할 땐 웃는 게 최고의 치료.

웃자. 더 맑게 크게 웃자. 오늘은.

백락산방의 아침 햇살25

산방이 겨울의 문턱으로 조금씩 다가간다. 겨울이 산방으로 조금씩 다가온다. 산방과 겨울이 조금씩 서로 다가가고 다가온다. 기다리던 만남일까? 원치 않던 만남일까? 지금 산방에서 제일 좋은 자리. 여여다실, 물가의 정자, 흔들의자가 아니다. 제일 좋은 자리는 이불 자리이다. 이불 속 나른함이 좋다. 행복이 뭐 별거더냐! 행복은 사실 그렇다. 기다린다고 오는 것도 아니고, 기대한다고 이뤄지는 것도 아니고, 거창한 것도 아니다. 소소한 것, 평범한 것, 가까운 것에 있지 않을까? 행복을 느끼고 배워보자.

"그때는 행복했지"

"앞으로 행복해질 거야"

과거는 과거, 내일은 내일일 뿐. 오늘 행복이 최고의 행복이다. 우리는 너무 잊고 산다. 오늘이 두 번 다시 돌아오지 않음을… 살아갈 날이 계속 줄어 들고 있다. 두 번 살면 좋으련만 한 번뿐인 인생. 연습하며 오르는 연극 무대가 아니라 지금 바로 공연이다. 내가 주인공. 그대가 주인공. 기죽지 말고 당당하게, 신나게 인생 무대 꾸며 보자. 서둘러 준비하여 일하러 가는 길. 괜히 기분이 좋다. 역시 세상일은 마음먹기 나름이다. 내가 제일 좋아하는 정채봉님의 말씀으로 오늘 아침을 연다. "행복의 열쇠는 금고의 열쇠와 맞지 않고 마음을 여는 구멍과 맞는다"

백락산방의 아침 햇살26

산방의 택호는 백락이다. 백가지 즐거움이 있는 곳. 그래서 백락산방이다. 해가 뜨니 일락이고, 해가 지니 이락이고, 바람 부니 삼락이고, 달이 뜨니 사락이고, 물소리 들으니 오락이다. 무심코 지나치는 것들이 백락이란 이름으로 즐거움이란 꽃이 된다.

귀촌에 대한 글을 써달라는 청탁을 받았다. 도시의 삶을 뒤로 하고 자연의 품에 풀썩 안긴 5년여의 시간들. 뒤돌아보았다. 지금 내가 어떤 모습으로 어떻게 서있는지. 그리 넓어지지는 않았다. 그리 풍족해지지는 않았다. 그래도 조금은 깊어지고 여볍해졌다. 호미를 들고, 삽을 들고, 곡괭이를 드는 시간들이 책을 읽는 시간보다 더 고요했다. 도시에서는 끊임없이 많은 것을 집어넣었었다. 그러다 보니 나도 모르게 아는 체를 하고 싶어지고 또 아는 체를 하며 살았다.

성철 스님의 일갈.

"집어넣었으면 버려라"

이제 산방에서 버리고 버린다. 산방 생활에서 얻은 것 중에서 무엇보다도 소중한 것은 내가 얼마나 부족한지를 알게 된 것. 아직 어둠이 가시지 않은 산방. 뺨에 스치는 차가운 공기가 낯설지 않고 반갑다. 산속에서 무슨 바람이 있겠는가? 그저 봄, 여름, 가을, 겨울. 여법하고 여여하게 살고 싶을 뿐. 그래도 작은 바람이 있다면 나와 맺어진 좋은 인연들과 어깨동무하며 살아가고 싶다. 새벽마다 글을 쓰는 것도 백 가지 즐거움 중에 하나이다. 나의 무명을 밝히는 등불임을 알고 있기 때문이다.

"법등명 자등명"

오늘은 마음의 등불로 어두운 세상 밝혀 보자.

백락산방의 아침 햇살27

달빛이 너무 곱다. 고운 달빛을 닮은 사람들. 아름다운 울림이 시작되었다. 한 구좌, 한 구좌, 많게는 다섯 구좌까지. 많이 있다고 나누는 것 아니라 마음이 있어야 나누는 것이다.

인삼 공사에서 잠시 일하면서 새 세상을 보게 되었다. 많은 인삼을 수매하는 사람은 결코 아무것도 가져오지 않는다. 작은 인삼 농사를 지으시는 분들만이 일하는데 힘들겠다고 햄버거나 사과 떡 등 간식거리를 해 오신다. 결코 돈이 많이 있다고 나눔과 베풂이 이뤄지는 것은 아니다.

아울림 장학회 회원 분들에게 진심으로 감사드린다. 세상이 아름다운 이유는 나눔과 베풂이 있기 때문이다. 한 톨의 씨앗에서 꽃이 피고 나무가 되듯이. 한 톨, 한 톨, 사랑이 모여 고운 달빛만으로도 어둠을 밝힐 수 있으리라. 어찌 말로 이 고마움과 감사함을 표할까마는 짧은 글로 대신해본다.

“적선지가 필우여경” 적선(베푸는 일)을 많이 해 놓으면 시일이 언제가 됐던 간에 후손에게 반드시 좋은 일이 생긴다.

회원들의 아름다운 울림이 시작된 날. 눈부시게 고운 날로 기억되리라 믿어 의심치 않는다. 늘 그랬지만 고운 달빛과 같이하는 세상이 새삼 행복하다.

백락산방의 아침 햇살28

매번 들었다 놨다 반복하고 있다. 공부는 끝이 없다고 하는데 『주역』이 그렇다. 횡성향교에 계신분이 『주역강설』을 주신 지가 1년이 되어가는 데 완독은 커녕 잠언을 읽듯이 그저 훑어만 보고 있다.그러나 괘 하나하나마다 삶을 생각하게 만든다. 어떻게 살아야 할지, 어떻게 먹어야 할지, 어떻게 사람을 대해야 할지. 그러나 주역을 펼칠 때마다 자괴감과 자굴감만 든다. 머리가 안 좋은 건지, 의지가 약한 건지, 쉽게 진도가 안 나간다. 올해 안에 한 번 제대로 볼 수 있을까 모르겠다. 주역에서 삶의 이치를 배운다.

"음중양 양중음"

음 속에 양이 있고 양 속에 음이 있다.

우리의 삶은 이렇게 이중률이다. 모순된 부분이 많다. 내향적에 외향적이 숨어 있고, 남성 속에 여성이 있고, 여성 속에 남성이 있고, 세상은 모든 모순이다. 그동안 이해 못했던 누군가의 이율배반적인 행동도 자세히 들여다보면 그 이유가 있다. 일방적인 잣대로 모든 걸 판단하지 말자. 가을에 여름이 있고 겨울이 있다. 세상은 모두 이중률이다.

백락산방의 아침 햇살29

새소리 지저귀며 아침 햇살이 산방의 창가를 두드린다. 행복이 살짝 문을 열고 들어온다. 살아가며 우리는 얼마나 많은 선물들을 주고받았는가? 그리고 우리는 그 선물들을 또 얼마나 귀히 간직하고 또 기억하고 있는가? 그런 우리가 매일같이 받는 오늘이라는 축복의 선물은 너무 무덤덤하게 받고 있는 건 아닐까. 물론 오늘이란 선물이 마냥 좋기만은 하지 않으리라. 때론 서글프기도 하고 화가 나기도 하리라. 그래도 화낼 수 있고 슬퍼할 수도 있다는 건 그건 우리가 살아 있기 때문이 아니겠는가?

아침에 눈을 뜨고 저녁에 잠을 자는 평범한 일상. 그 일상들이 살아 있음이니 이 얼마나 행복한 일인가!

오늘이 힘들면 그냥 보내자. 억지로 힘들게 버티려 하지 말자. 우리에겐 내일이라는 또 다른 오늘이 기다리고 있지 않는가? 어제의 내일이었던 오늘. 내일의 어제일 오늘. 오늘을 사랑하자. 오늘에 사랑하는 가족이 있고, 오늘에 정겨운 친구가 있고, 오늘에 그리운 이 있으니, 이 얼마나 행복한 일인가! 사랑한다. 사랑한다고 말해 보자. 오늘 너를 아주 많이 사랑한다고…

백락산방의 아침 햇살30

10월의 햇살 좋은 싱그러운 아침입니다. 오늘도 시동을 켜고 달릴 준비를 합니다. 오늘은 또 얼마나 빨리 달려야 할까요? 우리는 언제부터인지 마치 브레이크 없는 자동차를 탄 것처럼 쉼 없이 달리고만 있습니다. 나는 지금 몇 Km로 달리고 있는 걸까요? 그리고 그대는 지금 몇 Km로 달리고 있는지요? 속도를 줄여야 보이는 것이 있을 텐데 너무나 빨리 모든 것들이 지나가 버립니다. 유리창을 내리고 조금만 천천히 달리면 보이는 것이 아주 많을 텐데… 높디높은 가을 하늘, 빨갛게 물든 가을의 나뭇잎들, 창을 통해 들어오는 달콤한 바람의 속삭임, 그리고 무엇보다도 마음의 창으로 바라보는 세상들, 뭐라 딱 꼬집어 말할 수 없는 보이지 않는 보이는 것들. 누군가는 이렇게 이야기하겠지요. 다들 빨리 달리는데 나만 뒤처지라고. 그런데 가만히 세상사를 돌아보면 기를 쓰고 추월해가는 차들도 한참 가다보면 건널목에서 서있는 차들을 만나게 되지 않는지요. 50Km로 가든, 70Km로 가든 결국은 다 만나게 되는 게 인생입니다. 오늘은 조금은 여유를 가지고 천천히 달렸으면 좋겠습니다.

인생에서 중요한 것은 속도가 아니라 방향입니다.

백락산방의 아침 햇살31

남자도 때론 수다가 필요합니다. 어제 친구의 생일에 네 친구가 모였습니다.

친구란 무엇일까요?
어두운 밤 별 같은 것!
망망대해 등대 같은 것!
깊은 산속 옹달샘 같은 것!
길 한편에 의자 같은 것이 아닐까요?

이런 이야기, 저런 이야기, 살아온 이야기, 살아갈 이야기. 꼬리에 꼬리를 물고 이어졌습니다. 친구와의 자리는 늘 즐겁습니다. 그건 아마도 모든 걸 내려놓고 이야기를 해서인가 봅니다. 많이 어렵다고 합니다. 생각대로 되지 않는다고 합니다. 열심히 해도 그만큼 성과를 이루지 못하니 답답하다고 합니다. 앞으로도 그리 좋아질 일이 없으니 속상하다고 합니다. 몸이 예전과 같지 않다고 걱정입니다. 누구에게도 말 못 할 이야기도 친구에게는 툭 터놓고 이야기할 수 있습니다. 누구에게도 보이기 싫은 눈물도 친구에게는 부끄럼 없이 보일 수 있습니다. 그저 얼굴 보고 이야기 나누는 것만으로도 힘을 얻을 수 있습니다. 남자도 때론 수다가 필요합니다. 어제의 친구들과의 즐겁던 시간들이 오늘의 희망으로 싹트기를 소망해봅니다.

어제도 오늘도 내일도 친구는 영원합니다.
그래서 아직 세상은 살 만합니다.
오늘은 친구에게 하는 전화로 아침을 시작합니다.

"별일 없지."

백락산방의 아침 햇살32

놀다 가세. 놀다 가세. 어화 둥둥. 얼쑤, 얼쑤.
어디에서 오고 어디로 가는지도 모르는 게 우리네 세상사.
놀다 가세. 놀다 가세.
어화 둥둥. 얼쑤, 얼쑤.
날 때는 알아도 갈 때는 모르는 게 우리네 세상사.
놀다 가세. 놀다 가세. 어화 둥둥. 얼쑤, 얼쑤.
가는 길은 달라도 마주치는 길이 있는 게 우리네 세상사.
놀다 가세. 놀다 가세. 어화 둥둥. 얼쑤, 얼쑤.
어차피 가야 할 길 무어 그리 급하다고 그렇게 달리기만 하는가?
놀다 가세. 놀다 가세. 어화둥둥. 얼쑤, 얼쑤.
가던 길 잠시 멈추고 쉬엄쉬엄 놀다 가는 건 어떠신가?
놀다 가세. 놀다 가세. 어화 둥둥. 얼쑤, 얼쑤.
얼씨구. 지화자. 좋구나. 좋~타.
여기가 극락이고 사는 게 극락이구나.

내리는 비를 보면서 곡차 한 잔. 아니 열댓 잔. 얼큰한 마음으로 몇 자 적어 보았습니다. 가을 햇살 아래서 즐기려던 치맥 가든 파티가 때아닌 가을비의 심술에 좁은 거실에서 옹기종기 모여서 하게 되었습니다. 그래도 공연은 바깥에서 해야 된다는 프로

중에 프로들. 아는가? 그대들이 어제 얼마나 이 세상 무엇보다도 빛나 보였는지를… 빗소리, 물소리, 노랫소리, 색소폰 소리, 웃음소리, 박수 소리, 모닥불 소리, 소리의 어울림. 어제의 그 시간들은 이제 추억이라는 이름으로 남게 되겠지요. 늘 산방에 관심 가져주심에 감사드립니다. 그 고마움 잊지 않고 베푸는 삶을 살아갈 수 있도록 최선을 다하겠습니다. 벌써 가을의 끝자락인가요. 차가운 공기가 산방에 가득합니다. 그래도 어제의 따뜻한 그대들의 온기가 아직 남아 너무 행복한 아침입니다.

뭐니 뭐니 해도 사람이 행복입니다.

백락산방의 아침 햇살33

산방의 새벽이 시리다. 이맘때면 어김없이 찾아오는 시린 바람을 어찌 막을 수가 있겠는가? 억지춘향이지만 환한 미소로 인사를 건넨다.

"야! 반갑다, 고맙다 그래도
잊지 않고 이렇게 산방을 찾아와 주니."

참 미련하다. 한여름 그 좋은 햇볕을 조금만 모아 놓았더라면 시린 바람 앞에 조금 꺼내 쓰고, 젖은 옷가지들 꼬실 꼬실 말리는 데 조금 꺼내 쓰고, 그대 여민 옷깃에도 조금은 넣어 줄 수 있을 텐데. 이제 와서 후회하면 무슨 소용이랴. 다 지나간 일인데. 너무 무덤무덤 흘려보내지 말자. 가족 간의 사랑도, 친구 간의 우정도, 지인들 간의 정도, 조금씩 모으고 모으자. 삶이 힘들다고 느껴질 때 필요한 만큼 조금씩 꺼내 쓸 수 있다면 이것처럼 좋은 일이 어디 있겠는가? 산방의 시린 바람을 조금은 모아야겠다. 내년 무더운 여름날 조금씩 꺼내 쓸 수 있게. 그런데 보관할 데가 마땅치 않다. 산방에 나두려니 산방이 너무 추울 것 같고, 어디 잘 보관할 데가 없을까?

백락산방의 아침 햇살34

바람이 분다. 부는 바람에 풍경이 운다. 바람이 풍경을 울게 했을까? 아님 풍경이 저 홀로 울고 싶어 우는 것일까? 아님 얇은 내 마음에 풍경이 울리게 들리는 것일까? 한밤중 울음소리에 잠이 깼다. 풍경이 울고 있었다. 왜 풍경 소리가 울음소리로 들릴까? 세상이 너무 어수선해서인가? 박제가의 『열하일기』에 울기 좋을 때, 울기 좋을 장소가 있다고 하더니. 지금 산방이 울기 좋단 말인가? 풍경도 딱히 슬퍼서 우는 것만은 아닐 것이다. 그냥 울고 싶어 우는 것이다.

울음 뒤에 오는 시원함 그리고 카타르시스. 울음, 그리 나쁘지 않은 기억이다.

울고 싶다. 같이 울고 싶다. 그런데 울어지지 않는다. 어느새 울고 싶어도 울지 못하는 울음을 잃어버려 가는 나이가 됐다.

백락산방의 아침 햇살35

산방의 개울가 정자 옆에 수령 20년 정도의 물푸레나무가 있습니다.

매서운 추위를 이겨내기 위해 나뭇잎을 다 떨구어 내고 한겨울을 준비하고 있습니다.

물푸레나무는 잎이 무성했던 때를 행복하게 여길까요?
아니면 지금 나뭇잎이 다 떨어진 지금을 행복하다고 여길까요?
우리네 삶은요?
가난해도 마음만 부자면 행복할까요?
부자는 돈이 많은 만큼 걱정도 정말 많을까요?
정말 그렇게 생각하시나요?

가난해도 행복하지만 부자이면서 행복할 수는 없는 건지요. 교회에 헌금 많이 내는 사람, 절에 시주 많이 하는 사람, 그들이 대접받는 이유가 무엇일까요? 씁쓰레하지만 그러면 안 된다고 생각하지만 현실을 부정할 수는 없는 일이겠지요. 세상이 지갑으로 움직입니다. 효도도, 사랑도, 우정도, 사람과의 관계도, 마음 플러스 지갑입니다. 모두들 돈을 벌고 싶으시겠지요. 뜻대로 되지 않는 일이지만… 그래도 포기하지 않았으면 좋겠습니다.

예전에 펌프를 기억하시는지요. 마중물 한 바가지 넣고 펌프질을 하면 물이 콸콸 나오지 않던가요. 마중물부터 준비하시지요. 그대의 최선의 마음이 마중물인 것은 알고 계시지요. 욕심이 아니라면 지금에 만족하지 마세요. 흔히 100세 인생이라고들 합니다. 그 남은 기간을 어떻게 보내시려는지요. 그대가 열심히 사시는 것을 왜 모르겠습니까? 그대를 응원합니다. 그대는 지금도 행복하시겠지요.

그래도 조금 더 넉넉하게 행복하시기를…

백락산방의 아침 햇살36

수레야! 멈추거라, 나를 내려 다오. 수레 타고 여기까지 잘도 왔는데… 요새 왜 이리 울퉁불퉁 자갈길, 질퍽질퍽 진흙탕 길로 가고 있는지 모르겠다. 수레를 끄는 아줌마가 무슨 생각으로 수레를 끄는 것일까? 어디로 가야 하는지 알고는 있는 것일까? 수레 위의 사람들이 참다 참다 못해 수레 끄는 아줌마를 바꾸라고 아우성이다. 수레 위의 사람들도 수레바퀴도 마음이 편치 않다. 수레 끄는 아줌마가 쉽게 수레를 놓을 것 같진 않고 눈을 감아야 되나. 귀를 막아야 되나. 은산철벽처럼 앞이 가로막혀 보이지 않으니 그저 답답할 뿐이다. 생각이 많아도 하루고, 생각이 적어도 하루다. 오늘은 무슨 생각으로 하루를 보낼까? 산방에 시린 찬바람이 불어오면 좋겠다. 머릿속이 시원하다 못해 아플 정도로… 불가의 공양게가 생각난다.

"이 음식이 어디에서 왔는가? 내 덕행으로는 받기가 부끄럽네. 마음의 온갖 허물을 모두 버리고 육신을 지탱하는 약으로 삼아 깨달음을 이루고자 이 공양을 받습니다."

세상 사는 게 그저 밥 한 끼 먹는 것인데, 왜 그리들 요란스러운지. 오늘 아침 밥상에서 내 길을 찾아본다. 부처가 밥이고 밥이 부처다.

백락산방의 아침 햇살37

부처를 머리에 이고 나 좀 보란다.

부처는 감투가 아닌데…

대웅전 부처는 웃고 있고 처마 밑 풍경은 울고 있다.

청명한 도량은 어떤 곳인지요?

청명한 스님은 어떤 분들이신지요?

청명한 불자들은 어떤 사람들인지요?

도량에 부처님의 가르침은 오고 가지 않고 서로의 아상만 오고 갑니다. 제행무상, 모든 것이 변합니다. 꽃들도 피면은 지는 걸 알기에 열매를 맺는 것인데…

정작 알아야 될 분들은 초심들은 잃어 버리고 있습니다.

주경 스님께서 말씀하셨지요.

스님으로 살아가며 제일 어려운 것은 처음처럼 한결같은 마음을 가지는 것이라고.

비가 온 뒤 청명한 하늘입니다.

부처가 따로 없습니다. 늘 멀리서 찾습니다.

부처는 언제나 가까운 곳에 있는데…

백락산방의 아침 햇살38

너는 내가 왜 좋아.

몰라, 그러는 너는 내가 왜 좋아.

글쎄. 나도 몰라.

좋은데 이유가 있을까요? 그냥 좋고 마냥 좋은 거겠지요. 이뻐서, 돈 있어서, 필요해서 좋은 건 좋은 게 아니겠지요. 좋은 사람들을 찾기 힘드시다고요. 그러는 그대는 누군가에게 좋은 사람인지요. 좋은 사람, 나쁜 사람이 어디 있겠습니까? 세상 다 좋은 사람들이지요. 다만 내 잣대에 좋고 나쁨으로 선 그어지는 거겠지요. 혼술, 혼밥이 맛있으면 얼마나 맛있겠습니까?

맛있는 음식은 뭐니 뭐니 해도 마주하며 먹어야 제맛이지요.

우리네 사는 것도 그렇지요. 손잡고 더불어 살아가기에 삶이 맛있는 거겠지요. 세상이 어수선하니 마음까지 어수선해지는지요. 그래도 어찌하나요. 그냥 웃어야지요. 날이 흐리네요. 당신 미소로 오늘은 환해지면 좋겠습니다. 미소 지어지는 날. 오늘. 그냥 당신이 좋습니다.

제5장 백락산방의 저녁 노을

백락산방의 저녁 노을1

새들이 물고 온 아침 햇살이 산방 뜨락에 쌓이기 시작하면 산방 식구들이 하나둘 기지개를 하며 일어나기 시작합니다. 산방의 하루가 시작된 거지요. 산방의 하루는 롤러코스터처럼 스릴 있고 재미있지는 않습니다. 단조롭고 무덤덤합니다. 그저 평범한 일상의 연속이지요. 새들이 노래하면 시냇물이 화답하고 바람이 지나가면 나무의 가지들이 웃어대고 햇살의 간지럼에는 풀잎들이 꼼지락꼼지락 살랑거리고 그 한편에 저도 있고요. 도시에서는 따뜻한 눈길을 그리워하는 마음에 웅성거림을 어쩌지 못하고 늘 서성거리기만 하였지요. 내가 따뜻한 눈길이 되어 누군가를 바라볼 생각은 하지 않구요.

나이 들어 깨달아가는 건지 산속에서 살아가며 자연을 통해 깨닫는 건지 조금은 몸과 마음과 앎을 사랑하게 됨에 감사하게 됩니다.

좀 더 폼 나게 살고 싶은 마음도 무엇을 이루겠다는 마음도 욕심내어 세상을 탐하는 마음도 이제는 마음속 어디에도 자리 잡지 못하는지 어느 순간 사라져 버렸네요. 그냥 하루 해를 보내고 싶습니다. 그리 먼 것들에게 바람을 두고 살아야 할 이유도 딱히 없기도 하구요. 또 달마가 동쪽으로 간 까닭을 굳이 알아서 뭐하겠습니까? 산방의 자연이 시간들이 고요히 제 갈 길을 묵묵히 걸어가듯 흘러가는 마음에 몸을 맡기고 사는 동안 한 세상 잘 노닐다 가렵니다. 비가 오면 비가 와서 좋고 해 좋으면 해 좋아서 좋고 좋은날이 어디 따로 있나요. 날마다 좋은 날이지요.

오늘도 살아있는 것만으로도 행복을 느끼면서…

백락산방의 저녁 노을2

산방의 이른 아침. 산방의 작은 시냇물 흘러가는 소리에 잠에서 깨어납니다. 작은 시냇물이 소근 소근 흘러가는 것을 보다 보면 마음이 평안해지고 맑아집니다. 넓으면 좋은 줄 알았습니다. 크면 좋은 줄 알았습니다. 깊으면 좋은 줄 알았습니다.

크고 넓고 깊은 바다에 파도가 풍랑이 태풍이 숨어 있는 줄은 모르고…

산방의 작은 시냇물이 흘러갑니다. 조그마한 소에서 잠시 노닐기도 하고, 떨어진 단풍잎과 어깨동무하며 흘러가기도 하고, 떨어지는 빗방울과 손잡기도 하고, 군데군데 돌멩이를 휘감아 돌기도 하고, 개울가 나무들에게 조금씩 나눠주기도 하고, 산방의 작은 시냇물이 잔잔히 흘러갑니다. 끊임없이 멈추지 않고 흘러갑니다. 인생도 그렇게 잔잔히 멈추지 않고 흘러갔으면 좋겠습니다. 파도도 없고, 풍랑도 없고, 태풍도 없는 작은 시냇물처럼. 산방의 작은 시냇물이 흘러갑니다. 결코 주저하지 않고, 멈추지 않고, 미련 두지 않고 조용히 제 갈 길을 묵묵히 흘러갑니다. 나의 하루도 인생도 그렇게 작은 시냇물처럼 흘러갔으면 좋겠습니다. 산방에 작은 시냇물이 오늘도 흘러갑니다. 아수라 세상 속에서도…

백락산방의 저녁 노을3

해님이 방긋, 산방도 방긋 , 덩달아 나도 방긋. 해님이 방긋 웃으니 산방 구석구석 웃음이 넘쳐 납니다. 그대는 오늘 아침을 어떻게 시작하려는지요? 오늘 아침 그대와 처음 만나는 이는 누구인지요. 거울 속의 나일수도 있고, 사랑하는 가족일 수도 있고, 늘 시간을 같이하는 직장 동료일 수도 있고, 해피라는 강아지일 수도 있겠지요. 오늘 아침은 환한 웃음으로 시작하시지요.

웃어도 하루, 울어도 하루입니다.

세상이 녹록치 않고, 세상이 세상 같지 않고, 세상이 너무 재미없이 마냥 속절없이 세월만 흘러갑니다. 이래도 흘러가고 저래도 흘러가는 세월. 환하게 웃으며 흘러가는 건 어떠실런지요. 어느 때보다 마법의 힘이 필요할 때입니다. 그 마법의 시작은 웃음이 아닐런지요. 웃을 일이 없더라도 오늘은 억지라도 웃으며 아침을 시작하시지요. 산방의 웃음으로, 그대의 웃음으로 오늘 세상이 사랑으로, 행복으로 붓질 되기를…

백락산방의 저녁 노을4

산방의 새벽은 겨울이다. 산방의 한낮은 봄이다. 산방의 겨울 속에 봄이 들어 있다. 어둠 속에 밝음이 들어 있듯이… 산방 최고의 야식은 고구마이다. 깎아도 먹고 구워도 먹는다. 고구마를 통해 삶의 이치를 배워 보자. 가을에 거두어들인 고구마는 열매이지만 봄이 되어 밭으로 나가게 되면 씨앗이 된다. 열매이면서 씨앗이 된다. 씨앗 속에 열매가 포함되어 있고 열매 속에 이미 또 씨앗이 들어 있다. 겨울 속에 봄이 내재되어 있고 어둠 속에는 이미 밝음을 안고 있듯이…

세상사 모든 일이 서로가 서로를 포함하는 것이지 각각 분리되어 존재하는 것은 결코 아니니다. 기쁨 한편에 슬픔이 숨어 있고, 불행 한편에 행복이 숨어 있고, 내 안에 네가 있고, 네 안에 내가 들어 있듯이… 지금 우리는 모든 일에 너무 즉각 즉각 반응하는 건 아닌지 모르겠다. 동전이 앞면과 뒷면이 있지만 결국은 동전 속의 앞면과 뒷면이 아니더냐. 조금은 조바심 내지 말고 느긋해지면 좋겠다. 고구마 하나에 너무 많이 갔다. 2016년 12월 마지막 달이다. 12월 그 안에서 벌써부터 내년 1월을 찾는 것은 너무 빠른 일일까? 2016년 마지막 달이지만 12월로써는 첫날이다. 마지막 속에 첫날이 들어 있다.

백락산방의 저녁 노을5

너는 꽃이라. 세상을 아름답게 하는 꽃이라.
너는 꽃이라. 우리를 행복하게 하는 꽃이라.
너는 꽃이라. 나를 미소 짓게 하는 꽃이라.
너는 꽃이라. 새벽에 영롱한 이슬처럼 피어나는 순수의 꽃이라.
한낮의 뜨거운 햇살처럼 타오르는 정열의 꽃이라.
저녁 붉은 노을처럼 번져가는 그리움의 꽃이라.
너는 꽃이라. 영원히 지지 않는 사랑의 꽃이라.

졸시「너는 꽃이라」

참 세상이 어수선합니다. 그래도 세상이 이만큼이라도 유지되는 건 꽃 같은 그대가 있기 때문입니다. 오늘은 파슬파슬 눈이나 내리면 좋겠습니다.

백락산방의 저녁 노을6

흘러갑니다. 들려옵니다. 산방의 작은 시냇물이 흘려보냅니다. 비워집니다. 마음속 아상과 아집의 찌꺼기들이 공부하고 깨우치는데 물소리만 한 게 없습니다. 해조음. 파도 치는 소리에 번뇌와 망상이 사라지듯이…

동해의 홍련암, 서해의 보문사, 남해의 보리암.

관음기도도량이 파도 치는 바닷가에 있는 이유를 조금씩 배워갑니다. 산방의 작은 시냇물이 처음부터 한결같은 소리로 흘러갑니다. 지금 처음 같은 마음인지요. 지금 한결같은 마음인지요. 해조음이 아니라도, 시냇물 소리가 아니라도 좋습니다. 물소리는 어디에서나 청량합니다. 수돗물에서 나오는 물소리, 정수기에서 나오는 물소리, 물소리를 들어 보시지요. 흐르는 소리가 어떻게 들리시는지요. 지금 그대는 막히지 않고 흐르고 있는지요. 나라가 흘러가지 않습니다. 무슨 말이 필요하겠습니까? 그저 물 흐르는 듯이라는 말이 귀하게 들릴 뿐입니다. 귀보다는 입이 많은 세상입니다. 우리는 듣기보다 입안에 도끼를 너무 휘두르며 살고 있는 건 아닌지요. 하나의 입과 두 개의 귀. 입보다는 귀가 많은 세상인데 세상에 입만 넘쳐 납니다. 입보다는 귀가 많은 세상을 꿈꾸는 건 욕심일까요? 오늘도 산방에는 작은 시냇물이 처음처럼 한결같이 흘러갑니다.

백락산방의 저녁 노을7

그대여, 어둡고 깊은 탄핵 정국을 빠져 나오기까지 43일이 걸렸네. 아직 또 갈 길이 많이 남아 있지만…

그대여, "설리춘색"이라고 들어 보셨는가?
눈 속에 봄이 있다는 말이라네.

절망 속에 희망이 숨어 있고, 슬픔 속에 기쁨이 숨어 있고, 불행 속에 행복이 숨어 있지 않겠는가? 그대여 눈을 감고, 귀를 막고 싶었던 긴 시간들을 잘 이겨내셨네. 이제 좋은 것만 보고 좋은 소리만 듣기로 하세. 그래야 입에서 욕보다는 꽃이 피지 않겠는가? 그대여, 오늘은 날이 춥다고 하구만. 따듯하게 입고 마음까지 따듯해지시게. 이 나이까지 살다보니 힘들다, 힘들다 해도 다 지나가게 되고 잊어버리게 되더구만. 그대여, 숨 한 번 크게 들여마시고 기지개도 한 번 크게 해보시게. 몸에서 용솟음치는 꿈틀거림이 느껴지지 않는가? 그 느낌 그대로 아침을 맞이하시게나. 웃어도 하루, 울어도 하루라네. 오늘은 올곧이 그대의 하루이기 진심으로 바라네.

백락산방의 저녁 노을8

눈이 오려나. 산방의 하늘이 잿빛처럼 흐리다. 오늘 아침도 벽난로에 불을 지피는 일로 하루를 시작한다. 지금은 불 피는 게 일도 아니지만 처음에는 연기만 나고 쉽게 피우지를 못했다. 자꾸 하다 보니 요령이 생겼다. 최소한 세 개 이상의 장작을 서로 기대게 하여 그 사이에 불쏘시개를 집어넣고 토치로 불을 지피면 금세 불꽃이 핀다. 서로를 기대놓지 않으면 불이 쉽게 일어나지 않는다. 우리네 세상 사는 것도 그렇지 않을까? 지금 그대가 눈물 나게 힘들다면 그건 혼자여서가 아닐까? 세상은 혼자 서 있는 것이 아니다. 서로가 기대어 서있는 것이다. 한자의 사람 "인"자가 그렇지 아니한가? 장작을 서로 기대 불을 지피듯 우리네 삶도 서로 기대 불같이 뜨거운 인생을 살 수 있는 것이다. 가는 길 가다가 잠시 나무에 기대며 쉬어 가는 바람에 나무도 크고 작은 가지를 털며 조금씩 키가 커져 간다. 서로를 의지하며 손잡고 있는 돌담도 서로 기대 있기에 더욱 높고 튼튼한 담장이 된다.

지금 그대는 누구와 기대고 있는가?

혼자인 것 같지만 서로 기대고 있다. 가족이라는 이름으로, 친구라는 이름으로, 이웃이라는 이름으로, 감사해하자. 여기까지 살아올 수 있음에… 기댈 수 있고, 기댈 수 있도록 할 수 있음에… 나이 들어가면서 자꾸 뒤를 돌아보게 된다. 후회와 회한이 있어서가 아니다. 지금이 너무 감사해서다. 기대고 살았다. 이제 기대기보다 누군가가 기댈 수 있는 사람이 되고 싶다는 작은 바람을 가져 본다. 세상은 서로를 기대고 기대게 하며 살아가는 것. 오늘 날이 제법 차다. 그래서인가 벽난로가 더욱 따듯하다.

백락산방의 저녁 노을9

산방의 창을 열고 하늘을 봅니다. 추위에 조금은 움츠려있는 하늘이지만 푸르릅니다. 두 눈을 크게 뜨고 종이비행기를 찾아봅니다. 아주 어렸을 적 다 쓴 공책 겉표지로 종이비행기를 만들어 간절한 꿈을 담아 하늘로 날려 보냈던 그 종이비행기를… 그때도 오늘처럼 푸르른 하늘이었지요. 살다보니 먼지 많은 세상에서 종이비행기에 담긴 푸른 꿈을 잊고 살았습니다. 이제 다시 종이비행기를 찾으려 합니다. 찾으려 하면 찾을 수 있을까요? 그때의 종이비행기는 지금 내 삶의 어디쯤에서 날고 있을까요? 아니 어디 날고는 있는 걸까요? 탐욕과 욕망으로 얼룩진 구름을 만나 세상 어디 구석진 곳에 처박힌 것은 아닌지요.

"미켈란젤로는 90세에 베드로 성당의 벽화를 그렸고,
베르디는 80세에 「아베마리아」를 작곡했고,
괴테는 83세에 『파우스트』를 썼고,
모네는 76세에 「수련」을 그리기 시작했고,
스트라디바리는 85세에 최고의 바이올린을 만들었다."

천양희 시인의 「채근담」에서

늦었다고 생각하는 건 늦은 게 아니겠지요. 푸르른 꿈을 다시 하늘에 날려 보내 보렵니다. 그리고 이번에는 제대로 쫓아가 보렵니다. 그대의 종이비행기는 그대의 삶 속에서 어디쯤 날고 있는지요. 해야 될 일 하느라 얼마나 힘드셨는지요. 이제 하고 싶은 일을 해보는 건 어떠실런지요. 많이 힘든 세상입니다. 그래도 다시 한 번 힘을 내보시지요. 무지개는 태양의 반대편에 뜨고, 연은 바람이 강할 때 날리기 좋은 거잖아요. 오늘 다시 한 번 푸르른 창공으로 종이비행기를 한번 같이 힘차게 날려 보내자구요.

나의 꿈을 그대의 꿈을 응원합니다.

백락산방의 저녁 노을10

하얗다. 하늘도 땅도, 그 사이 산방도 하얗다. 세상이 하얗다. 밤새 내린 눈이 세상의 더러움을 잠시 덮고 있다. 아주 잠시 더러움을 덮으려면 얼마나 많은 깨끗함이 필요할까? 잠깐 동안이라도 하얀 세상이 눈물 나게 고맙다.

"야심성유휘"

밤이 깊을수록 별이 더욱 빛이 난다. 세상이 밝기보다는 많이 어둡다. 내가 별이 되고 그대가 별이 돼야 되는 이유. 별처럼 빛나고 눈처럼 맑고 깨끗한 그대가 있기에 세상이 살 만한 것. 오늘 하얀 세상. 나도 하얗게 물들고 싶다.

백락산방의 저녁 노을11

그대여! 그대가 부럽습니다. 푸른 창공을 날고 있는 그대의 멋진 모습이… 나도 아주 예전에는 하늘을 날 수 있는 날개가 있었지요. 그러나 하늘로 날기보다는 먹이를 찾아다니다 보니 나는 법을 잃어버렸습니다. 아니, 나는 연습도 제대로 하지 못했습니다. 가장 높이 나는 새가 가장 멀리 내다본다는 이야기를 늘 해주던 좋은 친구, 갈매기 죠나단이 옆에 있었어도 귀담아 듣지를 못했습니다. 이제 뒤늦은 날갯짓을 하려니 파닥파닥 소리만 날 뿐 날아지지가 않습니다. 하긴 날지 못할만도 하지요. 머리에는 지혜로움보다는 허접한 지식으로 가득하고, 몸은 전쟁터에 나가는 병사들의 갑옷처럼 군더더기 살들로 가득하니, 웬만한 날갯짓으로 날 수 있겠습니까? 그래도 자꾸 퍼덕거려 보렵니다.

늦었다고 생각할 수 있다는 건 늦은 게 아니겠지요.

조금씩 나는 연습을 새로 해봅니다. 좀 더 높이 날아 하늘을 비상하며 좀 더 멀리 내다보며 살아가는 그날을 위해… 왜 지나간 시간들은 아쉬움으로 남는 걸까요? 아쉬움이 더 커지기 전에 다시 시작하렵니다. 퍼덕퍼덕, 날갯짓을. 가장 높이 나는 새가 가장 멀리 내다봅니다. 오늘도 멋지게 하늘을 비상하는 그대의 힘찬 날갯짓을 응원합니다.

백락산방의 저녁 노을12

여름에는 시원한 바람 한 점을 얻기 위해 뜨거운 햇살을 한가득 모아야 했는데, 겨울에는 따뜻한 햇살 한 줌을 얻기 위해 차가운 바람을 한가득 모아야 된다. 산방의 바람이 차다. 며칠 흐리더니 산방이 눈이 한가득이다. 햇살이 그립고, 달빛이 그립다.

우리는 있을 때, 많을 때 그 귀함을 모른다.

없어져야 작아져야 그 귀함을 비로소 안다. 우리는 귀함이 사라진 후에 때 늦은 후회를 한다. 지금 나에게 귀한 것이 무엇일까? 생각해 보고 생각해 볼 때이다. 겨울은 겨울이다. 산방에 찾아오는 이가 뜸하다. 오는 이 있으면 다른 것보다도 따뜻한 햇살이나 듬뿍 가져오면 좋겠다.

귀한 사람과 귀한 시간을 같이하기 좋은 날,

바로 오늘이지 않을까?

백락산방의 저녁 노을13

아침 해가 떴습니다. 기지개를 해봅니다. 따라 합니다. 거울 속에 내가… 소리도 질러 봅니다. 따라 합니다. 거울 속의 내가… 우리는 잘 닦은, 없는 것처럼 투명한 인생 거울 앞에서 손짓 발짓 울고 웃으며 살고 있습니다. 인생 거울은 우리를 따라 합니다. 내가 웃어 줄때는 나를 따라 웃어 주고, 내가 울을 때는 나를 따라 울어 줍니다.

내가 세상을 대하는 만큼 세상도 나를 똑같이 대해 줍니다.

아주 가끔은 내가 용을 쓰고 뭔가를 하려고 할 때 따라 해주지 않는 경우도 있기야 하지만… 그래도 우리를 따라 하고 흉내 내는 것이 인생 거울입니다. 참 알고 보면 세상 살아가기가 아주 간단하고 간단합니다. 내 하는 대로 따라 하는 게 인생인데 너무 어렵게 삶의 지혜를 찾으려고 하는 건 아닌지 모르겠습니다. 2016년 끝자락입니다. 지난 일들, 훌훌 털어 버리시고 인생 거울 앞에서 활짝 웃어 보시지요. 좋아서 웃는 게 아니라 억지웃음이라도 좋습니다. 인생 거울이 그것까지야 눈치채겠습니까? 그냥 웃는 것인지 알고, 인생도 따라 웃어 주겠지요. 오늘 그대의 환한 웃음. 그 환한 웃음으로 세상이 노을처럼 웃음으로 번져 나갑니다.

백락산방의 저녁 노을14

한 해의 끝자락이다. 지난 시간 되돌아보니 참으로 다사다난했다. 그동안 곪아 있던 것이 톡 터져 대한민국이 많이 아프고 아프지만 잘 견뎌내고 있다. 지난 시간들은 언제나 아쉬움과 후회로 남는다. 작년 이맘때도 이런 마음이었겠지. 얼마 남지 않았다. 올해도 우리는 인연이라는 실타래로 얽히고 설켜져 있다. 그 인연 타래 한 올 한 올 풀어 가는 게 우리네 세상사. 더 늦기 전에 진작 말하고 싶었는데 못한 말. 더 늦기 전에 말해보자. 진작 내밀고 싶었던 손. 더 늦기 전에 손 내밀어 보자. 미안한 일. 더 늦기 전에 미안하다고 말해보자. 고마운 일. 더 늦기 전에 고맙다고 말해보자. 사랑한다는 말. 더 늦기 전에 사랑한다고 말해 보자. 시간은 우리를 기다려 주지 않고 그저 제 갈 길로 무작정 가고 있지 않는가? 머리에 생각들을 가슴으로 옮기고 다시 발로 옮겨보자. 더 늦기 전에. 올해 아버님이 갑작스러운 뇌출혈로 돌아가셨다. 고맙습니다. 사랑합니다. 제대로 말도 못해 드렸는데. 이제와 뒤늦은 후회가 무슨 소용이 있겠냐만은 가슴 한편으로 죄스런 마음이 가득하다. 그대여, 알맞은 때가 어디 있겠는가? 지금이 가장 알맞을 때지. 그대여, 미안해, 고마워, 사랑한다고 손 내밀어 보자. 더 늦기 전에. 그나마 아쉬움과 후회를 조금은 줄일 수 있는 말. 더 늦기 전에. 새싹처럼 파릇파릇한 아침 햇살. 오늘도 파릇파릇한 시간들이 그대와 함께하기를.

백락산방의 저녁 노을15

봄, 천지가 꽃이다. 마음도 꽃이다. 하지만 그때는 몰랐지. 시간이 지나면 꽃이 지는 걸. 여름, 천지가 뜨겁다. 마음도 뜨겁다. 하지만 그때는 몰랐지. 시간이 지나면 뜨거움도 식어 간다는 걸. 가을, 천지가 시원하다. 마음도 시원하다. 하지만 그때는 몰랐지. 시원함에 나뭇잎이 떨어지는 것을. 겨울, 천지가 춥다. 마음이 춥다. 하지만 그때는 몰랐지.

추위 속에 매화가 피어나는 것을.

봄, 여름, 가을 그리고 겨울. 잘도 지나간다. 눈 한 번 감았다 떴을 뿐인데. 지나간 시간들은 왜 이렇게 후회와 아쉬움으로 남을까? 알고 살아가는 걸까? 모르고 살아가는 걸까? 알면 어떻고 모르면 어떠랴. 세상 사는 일 다 그러그러할진데. 아무 생각하지 말자. 그저 지금 내가 여기 있다는 것. 숨 쉬고 있다는 것. 허기지고 흐린 하늘 밑을 서성이고 있지만 지금 여기 내가 숨 쉬고 있다는 것. 이보다 더 기쁜 일이 어디 있겠는가?

해가 뜨려나. 오늘은.

백락산방의 저녁 노을16

백락산방의 아침 아직 햇살이 도착하지 않았다. 며칠 째 내린 장맛비의 흔적들이 산방 곳곳에 생채기가 되어 남아있다. 뭐든지 과하면 탈이 난다. 햇살이 넘치면 비가 넘치면 눈이 넘치면 밥이 넘치면 말이 넘치면 정이 넘치면 사랑이 넘치면 넘친다는 것이 그리 좋은 것만은 아니다. 우리는 나라는 그릇을 하나씩 가지고 이 세상에 왔다. 다시 저 세상으로 갈 때는 나라는 그릇을 두고 떠나간다. 나라는 그릇은 이 세상과 저 세상 사이에서만 필요한 그릇이다. 영원히 가져갈 것 같지만 그간 저 세상으로 가신 분들 중 어느 누구에게 물어봐도 아니 물어볼 수도 없지만 가져갔다는 소리는 듣지 못했다. 그릇이 클 수도 있고 작을 수도 있다. 그러나 크기가 중요한 것이 아니라 무얼 담는 것이 중요하지 않을까? 또 채워지면 더 이상 채울 수 없으니 적당히 다시 비워야 되지 않을까?

생선을 싼 종이에는 비린내가 배고 향을 싼 종이에는 향기가 배는 법

나라는 그릇에 구정물을 담으면 악취가 나고 나라는 그릇에 맑은 물을 담으면 맑아진다. 내 그릇이 작다고 원망하기보다 무

얼 채울까를 고민하며 살아야 되지 않을까? 벌써 7월의 끝자락을 향해 시간은 달리고 있다. 그리 많이 채우지 못했다. 어디 금이 가고 구멍이 났는지 채워도 채워도 채워지지 않는다. 헛된 욕망들은 잘도 채워지는데… 공부라고도 할 것 없지만 이놈의 공부는 채워지지가 않는다. 오늘도 하늘이 흐리다 그 흐린 하늘 뒤에는 해가 있겠지!

백락산방의 저녁 노을17

밤새 하얗게 눈이 내렸습니다. 이리저리 기웃거렸던 마음들을 차분히 가라앉혀 봅니다. 오늘 아침 그대에게 고운 미소와 함께 "인 라케크"라고 아침 인사를 건네 봅니다. 그대도 고운 미소로 "알라 킨"이라고 답해주시지요. 조금은 색다르지만 고대 마야인들이 나눈 아름다운 인사말입니다. 마야인들은 "인 라케크"라고 인사하고, "알라 킨"이라고 답했다고 합니다. "인 라케크"는 "나는 당신입니다"라는 뜻이고," 알라 킨"은 "당신은 나입니다"라는 뜻이라고 합니다. 올 한 해 사람들 때문에 많이 힘드셨는지요? 그런데 거꾸로 생각해보면 그대 때문에 힘든 사람은 없었는지요? 마야인들의 인사법에서 삶의 지혜로움을 배우게 됩니다. 인 라케크, 나는 당신입니다. 알라 킨, 당신은 나입니다. 많은 생각을 하게 되는 인사말입니다. 미처 몰랐습니다. 그대가 나였다는 것을. 상대방의 마음을 이렇게 헤아려 담을 수만 있다면… 조금은 세상이 아름다워지지 않을까요? 오늘 그대에게 건네는 인사말.

"인 라케크"
"알라 킨"
나는 당신입니다.
당신은 나입니다.

백락산방의 저녁 노을18

2016년, 마지막 날의 햇살이 산방의 아침을 연다. 흐린 날도 있었다. 비가 오고, 천둥 번개 치고, 바람 부는 날도 있었다. 그래도 맑은 날이 더 많았다. 뾰족하게 시간을 보내지는 않았다. 둥그런 시간들을 보냈다. 아직 손에 들은 것이 많아 저 언덕 너머의 삶을 만나지는 못하고 있지만… 감사하고, 감사했던 한 해였다. 시간이 그리 무책임하게 그냥 흘러만 가지 않았다. 세월이란 이름으로, 기억이란 이름으로, 추억이란 이름으로 쌓이고 쌓였다. 한 해를 마치면 아쉬움이 늘 별책부록처럼 따라붙는다. 그러나 그것 또한 우리에게 주는 선물이지 않겠는가? 오늘이 끝이다. 아니, 다시 시작이다. 마지막이란 막다른 곳이 아니라 새로운 문을 열 수 있는 곳. 이제 또 다른 좋은 날들을 기다리자.

2017년에는 얼마나 멋진 일이 있을까?
얼마나 근사한 일이 생길까?
얼마나 따듯한 사람을 만날까?

벌써부터 설렘 가득 안고 2017년 첫 아침을 기다린다.
굿바이 2016.

백락산방의 저녁 노을19

우연히 그대를 만났지요. 그 우연이 그대의 미소로 인연이 되었지요. 그리고 그 인연은 그대 내미는 손에 필연이 되고 말았지요. 우연이 인연이 되고 필연이 되는 것은 그리 힘든 일이 아니지요. 미소와 함께 내미는 손 딱 그 정도면 되는 일이지요. 오늘 우연히 만나는 이들에게 손 내밀며 미소 지어 보시지요. 그러면 인연이 되고 필연이 되겠지요.

산다는 건 어쩌면 사람과의 순간순간 만남이고 그 만남이 남기는 흔적은 기억이 되고 추억이 되겠지요.

그 만남에 때론 아프기도 하고, 때론 기쁘기도, 때론 슬프기도, 때론 행복하면서, 삶의 흔적을 만들어 가겠지요. 2017년에도 많은 삶의 흔적이 만들어지겠지요. 내가 그대에게, 그대가 나에게. 너무 지나친 바람인가요. 좋은 흔적, 따뜻한 흔적, 기분 좋은 흔적을 바라고 바라는 건. 오늘, 스쳐 지나가는 우연을 환한 웃음으로 손 내밀어 잡아 보시지요. 우연이 인연이 되고 필연이 되지 않을까요.

백락산방의 저녁 노을20

참 좋은 일.
내가 그대 곁에,
그대가 내 곁에.

참 좋은 일.
그대가 내 곁에 있는 일.
내가 그대 곁에 있는 일.

참 좋은 일.
세상에서 가장 좋은 일.

가까이 있어서인가요.
너무 무덤덤해지는 건 아닌지요.

봄을 찾아 떠난 파랑새.
봄을 어디서 찾았는지요.

봄은 그대 가까이에 있습니다.

백락산방의 저녁 노을21

밤새 어지러운 바람이 불더니, 미처 마음 두지 못한 나뭇잎들이 산방 뜨락 한구석에 자리를 잡았다. 며칠 만에 산방의 고요함 속에서 꿀 같은 잠을 잤다.

두문즉시심상,
문을 닫으니 곧 깊은 상이다.

그저 문만 닫으면 되는데, 마음이 고요하면 도시의 화려한 불빛 속에서도 깊은 상의 평화를 누릴 수 있을진대, 시내에서는 언제나 널뛰는 마음을 재우지 못한다. 산방의 어둠이 좋다. 산방의 침묵이 좋다. 산방의 외로움이 좋다. 산방에서 잠시나마 문을 닫아 본다. 쓸데없는 번뇌와 망상들이 드나들지 못하게 하늘이 맑다. 바람도 맑다. 내 마음도 맑다. 오늘도 저렴한 지름길보다 늘 그렇듯 한걸음 늦게 내 길을 걸어간다.

백락산방의 저녁 노을22

산방의 하늘이 맑다. 바람도 맑다. 내 마음도 맑다. 마음이란 놈은 생각할수록 요상한 놈이다. 사치스럽고 으스대기 잘하고 잘 삐지기도 하고 하여간 요물단지이다. 마음자리가 어디에 있는가에 따라 시시때때 종잡지를 못한다. 그것도 도심 속에서는 괜히 바쁜 척하고, 괜히 멋있는 척하고, 괜히 있는 척하고, 사방나대기만 하고 하여간 잠시도 제자리에 있지 못한다. 그러나 산방에 있으면 겨울나기를 위해 헐벗은 나무 앞에서, 말없이 앉아 있는 큰 바위 앞에서, 쉼 없이 흘러가는 시냇물 앞에서 마음이란 놈도 한순간 말이 없어진다. 시끄러움 속에서 적요를 찾을 수만 있다면 얼마나 좋겠냐만은 아무리 노력해도 나란 놈은 그 정도 깜냥이 되지는 않는다. 내가 산방에 사는 이유다.

산을 좋아하면 산을 닮을 수 있을까? 물을 좋아하면 물을 닮을 수 있을까? 산처럼, 물처럼, 마음이 닮아가면 좋겠다.

마음자리가 조금 넓었으면 좋겠다. 그 마음자리에 화려함보다는 소박함이 순수함이 가득했으면 좋겠다. 빌딩보다는 산이 들어 있고 물이 들어 있으면 좋겠다. 오늘 아침, 말없이 얌전한 마음이 대견하다.

백락산방의 저녁 노을23

주고, 주고 다 주고도 그러고도 여전히 더 주고, 주고 싶은 당신은 그런 사람. 한때는 생각만 해도 가슴이 설레지요. 한때는 생각만 해도 미소가 지어졌지요. 한때는 만난다는 생각만 해도 잠을 못 이루었지요. 한때는 손을 잡는다는 생각만 해도 심장이 쿵쿵거렸지요. 지금 그대와 나. 사랑의 불이 꺼져 가고 있는 건가요. 아님, 꺼져 있는 건가요. 만약 꺼져 가고 있다면 사랑의 바람을 불어넣어 보시지요. 그리고 꺼져 있다면 사랑의 부시와 부싯돌로 다시 한 번 불을 지펴 보시지요.

세상에 따뜻한 말 중에 으뜸은 사랑이지요.

가슴에 깊이 묻었던 사랑을 이제 꺼내놓으시지요. 물론 말하기에는 어색한 나이가 되었지요. 그래도 용기를 내서 두 눈 질끈 감고 말해보시지요. 사랑해, 사랑해, 사랑해. 그리고 기다리시지요. 사랑은 사랑으로 되돌아오겠지요. 날이 추워진다고 하네요. 따뜻함이 필요하겠지요.

그 따뜻함이 당신이면 참 좋겠습니다.

백락산방의 저녁 노을24

월요일, 원도 없이 웃어 보자.

웃을 일이 많지 않은 세상이다. 그래도 웃어 보자. 웃을 일이 있어 웃기보다 그냥 웃어 보자. 대한민국 최고의 예능인 유재석은 긴 무명 생활을 하였지만 언제나 웃음을 잃지 않았다는 고백처럼 웃음이 유재석의 운명을 바꿨다. 지금 유재석의 웃음에 얼마나 많은 사람들이 위로받고 있는가? 웃자. 그냥 웃자. 집에 우환이 있어 마음이 편치 않다. 슬퍼한다고 일이 해결되는 것이 아님을 알지만 생활 자체가 우울하다. 이제 그만 하자. 슬픔 따윈 멀리 보내 버리자. 웃는다. 괜히 웃는다. 그냥 웃는다. 지금 내게 필요한 건 무엇보다 웃음뿐…

월요일, 원도 없이 웃으며 시작하자. 웃음이 봄 햇살이다.

백락산방의 저녁 노을25

"화요일"

화요일에는 화내지 말자.

내마음에 작은 부시가 있다. 내 밖에 수없이 많은 부싯돌이 있다. 부시와 부싯돌이 부딪치며 "화"라는 불꽃을 일으킨다. 때론 저절로 꺼져도 가지만 때론 큰불이 되어 마음 산을 시커멓게 다 태우곤 한다. 한번 타버린 마음 산에 다시 나무를 심고 푸르른 숲을 만드는 일이 어디 그리 쉬운 일이겠는가? 뭐니 뭐니 해도 불조심이다. 마음 밖의 부싯돌을 내가 어떻게 하겠는가? 할 수 있는 건 내 마음속의 부시를 잘 간수하고 관리하는 일. 공부가 작아 "화"란 놈을 설명하기가 쉽지 않다, 어쨌든 "화"란 놈은 만나지 않아도 될 놈이다. 웃는 만큼 행복해지고, 사랑하는 만큼 행복해진다. 화내지 말자.

오늘 화요일,
화요일에는 화내지 말자.

백락산방의 저녁 노을26

수요일에는 수더분하게.

괜히 미소 짓게 되는 말, 수더분하게. 세상이 화려함을 원하는 건지, 세상이 화려함 일색이다. 본래의 모습은 다 어디로 가고 모두 화려함으로 덧칠을 한다. 모두 똑같고, 똑같다. 우리는 언제까지 가면을 쓴 피에로처럼 살아야 할까? 그냥 있는 그대로 살 수는 없는 걸까? 그냥 나대로 살 수는 없는 걸까? 너대로 살아가는 일은 이제 그만 화려한 꽃에 눈길이 먼저 간다. 그러나 쉽게 질린다. 수더분한 꽃이 좋다 보면 볼수록 더욱 정감 있게 가슴에 들어온다. 언제부터인가 화려한 사람보다 수더분한 사람이 좋다. 같이 하는 시간들이 좋다. 수더분하다, 괜히 미소 짓게 되는 말.

오늘 수요일,
착한 하루,
따뜻한 하루,
수더분한 하루,
그래서 더 좋은 하루.

백락산방의 저녁 노을27

목요일에는 몽돌몽돌

자주 듣지 못하지만 참 정겨운 말입니다. 파도에 동화되어 동글동글 작은 조약돌, 몽돌. 모난 곳 하나 없는 동글동글한 몽돌 세상. 파도에 누군가는 모난 돌이 되어지고 또 누군가는 몽돌이 되어 갑니다. 하늘이 동그랗습니다. 땅이 동그랗습니다. 우리네 인생도 동그랗습니다. 세상이 동그랗게 굴러 갑니다. 모나서 굴러가나요? 몽돌이 되어서 굴러 가나요? 동그란 세상 그냥 몽돌이 되어 동그랗게 굴러가는 것도 괜찮지 않은지요? 누군가를 아프게 하면서 모나게 서있기보다 동글동글 어울리며 살아가는 세상을 꿈꿔 봅니다. 해가 동그랗게 굴러가듯. 달이 동그랗게 굴러가듯. 우리네 인생도 몽돌이 되어 굴러 갑니다.

목요일에는 몽돌몽돌.

백락산방의 저녁 노을28

금요일에는 근사하게, 환한 모습으로 미소 짓는 아침 햇살.

나를 깨우는 새들의 지저귐. 얼음 속에서 부르는 실개천의 노랫소리, 이는 바람에 화답하는 풍경 소리, 봄을 기다리며 두 팔 올린 냉이의 키 재기. 그대 마음에 내 마음을 얹고 하나가 되어 바라보는 날, 근사한 오늘. 좋은 사람들과 함께하는 근사한 오늘. 근사하게 근사하게 산다는 건, 감동받고 산다는 것. 살아가며 무엇 하나 감동이 아닌 것이 어디 있으랴? 오늘이 나에게 온 것도 그대가 나에게 온 것도 감동으로 근사하게 오늘을 시작하자.

오늘은 근사한 날, 금요일은 근사하게.

백락산방의 저녁 노을29

토요일에는 토실토실

채워도, 채워도 마음은 늘 가난해집니다. 먹을 게 한 상 가득인데도 점점 말라만 갑니다. 조금은 넉넉해졌으면 좋겠습니다. 조금은 여유로워졌으면 좋겠습니다. 조금은 헐렁해졌으면 좋겠습니다. 조금은 바보스러워졌으면 좋겠습니다. 이리저리 둘러보면 먹을 게 참 많습니다. 마음 그릇에 베풂과 나눔, 사랑과 우정, 용서와 배려 넉넉히 담아 썩썩 잘 비벼봅니다. 한 숟가락 크게 떠서 한입 가득 먹어봅니다. 첫맛은 크게 없는 것 같은데 씹으면 씹을수록 행복의 단맛이 입안 가득 사라지지 않습니다. 그동안 찾고 찾던 바로 그 맛입니다 토실토실 살이 찌면 참 좋겠습니다. 가족들의 마음이 토실토실, 서로를 아끼는 사람들의 마음이 토실토실, 누군가를 헤아리는 마음이 토실토실, 세상 사는 지혜가 토실토실. 오늘은 가난한 마음을 토실토실 살찌우는 날. 그런 날, 그런 날이면 참 좋겠습니다.

토요일에는 토실토실

백락산방의 저녁 노을30

산방에 어김없이 찾아온 아침. 참 반가운 일. 그 아침에 눈을 뜨고 기지개. 참 반가운 일. 간간히 들리는 새들의 지저귐. 참 반가운 일. 하얀 눈길에 고라니 발자국. 참 반가운 일. 얼음 복면 속의 실개울 노랫가락. 참 반가운 일. 찬바람에도 손 내미는 풍경 소리. 참 반가운 일. 뽀글뽀글, 아침 밥상의 된장찌개 끓는 소리. 참 반가운 일. 벽난로 속의 자작나무 자작자작 타는 소리. 참 반가운 일. 전화기 넘어 들려오는 어머니의 건강한 목소리. 세상 제일 반가운 일. 세상 살아가며 어디 반갑지 않은 일이 있을까? 한 생각 바꾸자.

기쁨이 기쁨을 부르고, 슬픔이 슬픔을 부르는 법.

반가워하자. 반가움이 찾아올 것이다. 하얀 토요일. 오늘 어떤 반가운 일이 있을까?

백락산방의 저녁 노을31

어제 저녁에는 우연히 알게 된 동생들과 체육관에서 배드민턴 시합을 하였습니다. 체육교사를 하면서 이런 저런 운동을 하였지만 제가 근무할 당시에는 배드민턴이 이렇게 동호회 형태로 활성화되지는 않았기에 그리 많이 쳐보지 못했습니다. 오원중학교 체육관에서 세 번 정도 연습을 하였지만 역시 10년을 쳤다는 동생들에게 1~2점을 따기도 힘들었습니다. 그래도 오랜만에 땀을 흠뻑 흘렸습니다. 또한 체육관 나무 바닥과 밀착되는 신발의 느낌이 너무 좋았습니다. 차 한 잔의 고요와 그윽함과는 또 다른 행복이었습니다.

두 발 딛고 서 있는다는 것 아직은 내 뜻대로 움직인다는 것이 얼마나 고마운 일인지요.

물은 고여 있을 때 썩어갑니다. 우리네 살아감도 흐르지 않으면 썩어갈 것이고 움직이지 않으면 녹슬어 가겠지요. 순간순간은 잠깐입니다. 잠깐의 순간들이 모여 인생이 되어 갑니다. 행복한 인생, 몸은 몸대로, 마음은 마음대로 쉼 없이 움직이며, 익어가며 만들어 가는 것이겠지요.

제가 글을 쓰는 일.

세상 살아가는 일.

모두가 함량 부족입니다. 그러나 그 부족함이 저를 지탱하는 힘이기도 합니다. 오늘은 그 부족함을 무엇으로 채울까요?

백락산방의 저녁 노을32

춥다. 날이 춥다. 진짜 겨울 같다. 이 겨울 편히 따듯하게 원주 아파트에서 지내고 있다. 그런데 왜 그런지 들쑥날쑥 마음이 제멋대로 뛰어다닌다. 모든 게 편치 않다. 눈에 마음에 너무 많은 걸 담아서일까? 산방이 그립다. 어둠 속의 적요가 그립다. 따뜻한 차 한 잔. 아늑한 벽난로 앞 빨간 의자. 조용한 음악. 겨울 같지 않은 햇살. 부는 바람의 풍경 소리. 우연히 찾아오는 사람들과의 설레이는 만남. 산방의 모든 것이 그립다. 산방에 한파주의보가 내렸다.

산방은 꿋꿋이 한파를 이겨내고 있는데. 명색이 산방지기가 산방을 비우고 있다. 이 뭐하는 일인가? 나이를 먹으면서 어른 비슷한 것이 되어가고 있다. 마음속에는 아직 성숙치 못한 철부지 아이가 있는데… 도시에서 느끼지 못하고 배우지 못하는 것을 산방에서 느끼고 배우고 있다. 산방에 길이 있다. 내가 가는 길이 글 쓰고 그림 그리고 한지 작업하고 그냥 그렇게 살고 싶다. 나 돌아가리라. 오늘은 산방으로.

백락산방의 저녁 노을33

영하 28°, 새벽 산방의 온도계 눈금입니다. 진짜 겨울 같네요. 눈 오고 바람 부는 날이 계속되다 보니 햇살 좋은 날을 기다리게 됩니다. 우리네 삶도 이처럼 햇살 좋은 날만 있는 건 아니겠지요. 때론 따듯한 햇살에 몸을 맡기기도 하고, 때론 차가운 바람에 밀려나기도 하고, 때론 예상치 못한 거센 눈보라에 힘들어하기도 하지요. 하지만 나쁜 날도 계속되지는 않지요. 눈이 그치면 다시 해가 뜨고, 바람이 그치면 다시 꽃이 고개를 들지요. 인생 일기예보가 어디 있겠습니까?

어제가 그렇듯, 오늘도 그렇고, 내일도 그렇고, 하루하루 내가 만들어가는 날씨이겠지요.

하늘의 날씨야 우리가 어찌할까마는 그대 마음의 날씨는 그대 손에 달려 있는 건 아닌지요. 날이 조금은 풀렸네요. 오늘은 주위가 따듯할 수 있도록 그대가 햇살이 되어보시는 건 어떠실런지요?

백락산방의 저녁 노을34

첫날, 첫 아침. 처음이란 말처럼 가슴 떨리는 일이 어디 있을까?

처음 세상에 나온 날.
처음 초등학교 입학한 날.
처음 직장에 들어간 날.
처음 그대를 만난 날.
처음 산방에 들어온 날.

처음이라는 말에는, 설렘과 두근거림이 있다. 그 설렘과 두근거림이 점점 없어져 간다. 그건 나이가 들어서일까? 아님 삶의 열정이 없어져서일까? 마음을 추슬러본다. 마음을 다스려 본다. 세상에서 가장 가슴 떨리는 말. 처음처럼. 세상에서 가장 좋은 말. 한결같이. 올해는 처음의 그 마음처럼 한결같은 마음으로 살아보자. 한결같은 산방의 모든 것들. 소나무, 자작나무, 도화나무, 거북바위, 실개천. 그들과 함께 더불어,

오늘도, 올해도 한결같이.

백락산방의 저녁 노을35

작은 그릇에 미련함과 어리석음이 철철 넘친다. 비우려도 작은 그릇이 천근만근 무거워 들어 비울 수가 없다. 못된 습이 더덕더덕 에워싸고 있기 때문이다. 비워야 새것이 들어오거늘,

어제처럼 오늘도 사는 건 아닐까?
내일도 오늘처럼 살아가는 건 아닐까?

보이지 않는 답답함과 두려움이 머릿속을 헤집고 다닌다. 몸은 저 앞에 가지만 영혼은 저만큼 뒤에 서있다. 잠시 멈춰 서서 기다려 본다. 요 며칠 간 모든 게 과했다. 몸이 배부르니 마음이 배고프고, 몸이 배고프면 마음이 배부르는 걸. 알면서도 모르는 척. 참 미련하다. 산방이 그립다. 산방의 어둠 속 적요가 그립다. 산방의 햇살 아래 자목련 꽃망울이 그립다. 산방을 말없이 지키는 거북바위가 그립다. 산방에 두고 온 또 다른 내가 그립다. 산방이 그립다.

백락산방의 저녁 노을36

군군, 신신, 부부, 자자.

군주는 군주답고, 신하는 신하답고, 부모는 부모답고, 자식은 자식답고,지도자는 지도자답고, 전문가는 전문가답고, 부모는 부모답고, 자식은 자식답고.논어를 다시 공부하고 있다. 매번 볼 때마다 깨닫는 마음이 각각 다르게 다가온다. 작년에 읽을 때와 지금 읽을 때가 다르다. 그건 아마도 나와 세월이 조금씩 변하고 있기 때문일 것이다. 나라가 어수선하다. 언제나 이 암흑 같은 긴 터널을 빠져나갈까? 세상 살아가며 각자의 일이 있을텐데… 작금의 정치판이 한심하다. 논어에 나오는 말 중에서 제일 무서운 말이 있다. 수기, 나를 갈고 닦는다는 말이다. 이 말처럼 가슴을 찌르는 말이 어디 있을까? 무섭다.가슴이 섬뜩하다. 내가 지금 어떤 모습으로 살아가고 있는 건가? 대충 하루하루 사는 건 아닌지, 아님 조금씩이라도 갈고 닦는 것인지 단지 두 글자에 불과하지만 나를 뒤돌아보게 하는 무서운 말이다. 나답게 살아야 되는데, 나는 누구인지를 알지 못하니 산방에 눈이 한가득이다. 차도 올라오지 못해 마을 입구에 세웠다. 누군가는 이런 모습을 눈에 갇혔다고 말하겠지만 지금 내 마음과 올곧이 단둘이서 진지한 이야기를 나눌 수 있는 귀한 시간이다. 어둠 속에서 빛을 찾듯, 논어에서 내가 가야 할 길을 찾아본다. 오늘도 바람이 차다.

백락산방의 저녁 노을37

비 온 뒤라 산방의 개울이 토실토실 통통하게 살이 올랐습니다. 그래서인가 개울물이 어느 때보다도 힘차게 흘러 내려갑니다. 쉬지 않고 흐르는 저 개울물 소리에 귀를 모아 봅니다. 시원합니다. 씩씩하게 흘러가는 소리만 들어도… 잠시나마 귀를 모으고 듣는 동안만이라도 내 안에 묻은 먼지와 때가 조금은 씻겨 내려가는 것 같습니다. 산방의 봄꽃들이 만발합니다. 철따라 꽃이 피어나는 일이 얼마나 놀라운 일인지요? 정말 생명의 신비가 신비롭기만 합니다. 꽃이 피어나는 것은 누구에게 보여주기가 아니지요. 꽃의 정기를 머금고 있는 나무가 스스로의 충만한 삶을 안으로, 안으로 다스리다가 그 충만함을 더는 견딜 수 없어 밖으로 터트리는 것이지요. 우리는 꽃을 바라만 보는 것은 아니지요. 한 송이 꽃이 피기 위해 안에서, 안에서 얼마나 많은 인고의 시간을 기다리며 지나온 날들은 보지 못하고 말입니다. 우리 사는 것도 그러하지요. 어디 모든 일이 그리 쉽게 이루어지나요. 내 속 안에서 그대 속 안에서 넘치고 넘치게 채워져야 밖으로 나와 꽃을 피우는 거겠지요. 그냥 거저 되는 것은 없는 거겠지요? 비개인 청량한 아침에 두 손 모아 기도드려 봅니다. 산방의 앞산 나무처럼 산방의 활짝 핀 꽃들처럼 내 마음 그대 마음의 뜨락에 맑은 수액이 흐르고 향기로운 꽃이 피어나기를…

백락산방의 저녁 노을38

햇살 좋은 아침. 느리고 단순하게 산다는 것에 생각해 봅니다. 세상이 왜 이리 빠르게 돌아가는지요. 복잡하기도 하구요. 너무 빠르고 복잡해서 요동치는 작금의 현실에 멀미가 날 지경입니다. 산방에서 느리고 단순함을 금과옥저로 삼아 실천하며 살아가려고 합니다만 쉽지가 않네요. 마음속 헛된 욕심이 왜 이리 많은지요. 살을 빼는 다이어트보다도 먼저 마음속 욕망들을 비우고 버리는 진정할 다이어트가 필요할 때입니다. 몸의 건강 이전에 마음의 건강이 우선이겠지요. 사실 느리고 단순하다는 건 불편한 일이지요. 또 넉넉치 못한 가난이라고 할 수도 있고요. 그러나 자발적 가난이란 생각은 드시지 않는지요. 산방에서 불편한 삶을 살고 있습니다. 그런데 왜 이렇게 불편한 삶이 마냥 좋은지요. 헨리 데이비드 소로, 스콧 니어링, 헬렌 니어링, 도미니크 로로, 법정 스님, 노자, 장자. 필요 없는 것들을 버리고 또 버린 삶의 스승들. 어찌 그 분들의 정신과 생활을 따라가겠습니까? 그래도 조금은 흉내는 내보렵니다. 이제 삶의 풍요로운 소유보다는 삶의 진정한 가치와 가난 속의 풍요로움을 추구해 보려고 합니다. 산방의 부족함을 새소리, 물소리, 아침 햇살, 저녁노을, 겨울 소나무, 눈 속의 노루 발자국, 뽀글뽀글 된장찌개가 채우고 있습니다. 오늘 하루도 산방에서 느리고 단순하게.